高等职业教育学前教育新业态系列教材

总主编◎赵 刚 于冬青

Xueqian Ertong
Jiankang Jiaoyu Huodong
Sheji Yu Zhidao

学前儿童健康教育活动设计与指导

主 编◎王 杨

·上海·

内容提要

本书是"高等职业教育学前教育新业态系列教材"中的一本，集理论与实践于一体，以就业为导向，以岗位技能为标准，立足于专业技能教学、就业岗位需求和专业资格认证三位一体理念进行编写。

本书立足于高等职业院校学前儿童健康教育的教学实际，吸收和借鉴了学前儿童健康教育理论研究与实践的最新成果，详细阐述了学前儿童健康教育活动的具体内容、教学设计及指导方法。全书共八个部分，分别为绪论、学前儿童健康教育活动设计与指导、学前儿童身体生长教育、学前儿童心理健康教育、学前儿童安全教育、学前儿童生活习惯养成和生活能力教育、学前儿童饮食营养教育、学前儿童体育活动。每章均包括内容导读、理论和观点阐述、案例分析、行动研修和课后学习指导，内容丰富翔实。本书附有丰富的学习资源，可供教学使用。

本书可作为普通高等学校和职业院校学前教育专业学生的教材，也可作为幼儿教师职前培训或职后继续进修的学习用书。

图书在版编目（CIP）数据

学前儿童健康教育活动设计与指导 / 王杨主编.
上海：同济大学出版社，2025.1
高等职业教育学前教育新业态系列教材 / 赵刚，于冬青主编.
ISBN 978-7-5765-1164-2

Ⅰ.①学… Ⅱ.①王… Ⅲ.①学前儿童－健康教育－教学设计－高等职业教育－教材 Ⅳ.①G613.3

中国国家版本馆CIP数据核字（2024）第102785号

学前儿童健康教育活动设计与指导

主　编　　王　杨

责任编辑　张　莉　　**助理编辑**　夏晗丹　　**责任校对**　徐春莲　　**封面设计**　渲彩轩

出版发行	同济大学出版社　www.tongjipress.com.cn
	（地址：上海市四平路1239号　邮编：200092　电话：021-65985622）
经　　销	全国各地新华书店、网络书店
排版制作	南京展望文化发展有限公司
印　　刷	上海颛辉印刷厂有限公司
开　　本	787mm×1092mm　1/16
印　　张	10.25
字　　数	237 000
版　　次	2025年1月第1版
印　　次	2025年1月第1次印刷
书　　号	ISBN 978-7-5765-1164-2
定　　价	42.00元

本书若有印装质量问题，请向本社发行部调换　　　　版权所有　侵权必究

序

　　在家校社协同育人的教育体系里，幼儿进入小学之前的教育对其人生质量具有初始性、奠基性的重要作用。我国有"三岁看大，七岁看老"之说，德国多纳塔·艾申波茜博士的《小脑袋，大世界》一书中有两句话风靡全球：1～7岁也许不到人生的10%，却决定了人生的70%；只有发掘好人生的前8年，才能过好人生的80年。这些都是对幼儿园教育、家庭教育重要作用的形象表述。随着我国"十四五"规划的全面布局，学前教育进入新发展阶段，发展的重点将从资源供给逐步转向内涵提升。要办好让人民满意的学前教育，配齐配强教师队伍是关键。近年来在学前教育专任教师中，获得专科以上学历的教师已占绝大部分，教师专业水平明显提升。其中，高职院校培养和输送了大量高素质技能型专业人才，为我国学前教育事业发展提供强大的智力支撑，发挥了职业教育中学前教育专业独特的优势与作用。

　　社会发展、科技进步与教育改革，使幼儿教育事业面临少子化、市场化、信息化等多重挑战。随着广大家庭对子女教育质量要求的不断提升，幼儿教育事业出现了前所未有的行业发展新形态，这既是挑战，又是机遇。我们深刻意识到，要走好教育强国建设的历史新征程，为社会培养更多适应这种变化的优秀幼师仍是学前教育专业工作者的重大课题。为此，我们进行了一项既意义重大也极具挑战性的实践：编写一套适应职业院校学前教育专业教学的系列教材，为新发展格局下我国职业教育学前教育专业的教学改革提供有效支持。

　　教材应体现党和国家的意志，学前教育专业教材更应站稳中国立场，讲好中国故事，传递中国声音。为了编好本套教材，我们前后进行了一年多的调研，聚集了一批优秀的教育实践工作者和教育理论研究者，深入贯彻落实《3～6岁儿童学习与发展指南》《幼儿园教育指导纲要》等文件精神，探讨学前教育领域的新形势、新理念，凝聚共识，落实要点。编写者们拥有丰富的教学经验和先进的教学理念，具备深厚的教材编写功底，更重要的是，他们对教育事业怀有巨大的热忱，无私地分享自己的教学经验，引领更多的教师教出更好的学生。

　　这套"高等职业教育学前教育新业态系列教材"的编写，遵循"德技并修，理实一体，重构转化，创新探索"的融通育人原则，展示了学前教育专业的课程体系，涵盖本专业的基础课、核心课和选修课，利于学生构建全面牢固的知识体系；突出了教育专业学生的职业道德要求，提炼思政要素，整理思政教学案例，明确德育目标，引导学生锤炼高尚品格；适应了技能型人才培养的职业教育导向，按照新形态体例编写，对准幼儿园教师岗位需求，以实用技能培训为引领，帮助学生及早适应真实工作环境；强化了理论知识的学习要点，在职业教育层次应掌握的理论水平上更进一步，提供更丰富的学习内容，满足高职学生精进学业、提升学历的现实需求；运用了多样的教学手段，顺应融媒体、数字化赋能教育的潮流，配备丰富教学资源，将教学内容以多种形式呈现给学生，促进学生高效学习。

  这套力图适应新形态、新业态的教材，需要学前教育工作者在教学实践中不断发现问题、改进问题，从而日臻完善，成为学生、读者的良师益友，为我国学前教育事业的高质量发展添砖加瓦。

东北师范大学家庭教育研究院院长

国务院妇女儿童工作委员会儿童工作智库专家

教育部幼儿园园长培训中心讲座教授

中国教育学会学术委员会委员与家庭教育专业委员会副理事长

前 言

教育是国之大计、党之大计。党的二十大报告提出,要"办好人民满意的教育""强化学前教育、特殊教育普惠发展"。学前时期是人生中最为关键和脆弱的阶段之一,对于儿童的健康成长与发展具有至关重要的影响。在这个阶段,儿童的身体、智力、情感和社交能力都在迅速发展,而学前儿童健康教育活动则是保障其全面健康发展的基石。本书旨在探讨如何通过精心设计和有效指导,为学前儿童提供有益的健康教育,为他们的未来发展奠定坚实的基础。

在当代社会,学前儿童的健康问题日益引起人们的关注。儿童肥胖、近视、情绪障碍等问题逐渐凸显,而这些问题往往源自儿童早期不完善的生活方式和教育环境。因此,从学前时期开始,为儿童提供全面、系统的健康教育变得至关重要。本书将从多个维度深入探讨学前儿童健康教育的重要性以及如何通过设计和指导活动来实现这一目标。

本书适用于高职学前教育专业学生在校学习,也适用于在职的专、兼职幼教工作者选用。首先,本书阐述了学前儿童健康教育的基本概念和理论基础,剖析了学前儿童的生长发育特点及其与健康的关联性。其次,本书探讨了不同领域的健康教育内容,涵盖了身体生长、心理健康、安全教育、生活习惯及生活能力、饮食营养、体育活动等方面,旨在引导教育者全面了解儿童健康的多个维度。最后,本书还详细介绍了如何设计丰富多彩的健康教育活动,以及如何在实际操作中进行有效的教育指导。

本书在编写过程中汇集了国内外多位教育、心理、营养等领域专家的研究成果和实践经验,这为本书提供了丰富的内容支持和实际案例,可帮助读者更好地理解和应用学前儿童健康教育的方法和策略,在此一并表达最衷心的感谢!对于书中引用的资料和案例,编者尽量注明出处,若有遗漏,恳请谅解!

期望本书能够为学前儿童健康教育的发展和实践尽绵薄之力,帮助更多儿童在健康的环境中茁壮成长,迎接美好的未来。由于时间仓促和资料方面的限制,本书还存在许多不完善之处,热忱地希望各位专家、广大同人提出宝贵意见!

编 者

2023 年 12 月

目 录

第一章 绪 论 ………………………………………………………… 1
  第一节 学前儿童健康教育 ………………………………………… 2
  第二节 学前儿童健康教育的目标与内容 ………………………… 5
  第三节 学前儿童健康教育的原则与方法 ………………………… 13
  行动研修 ……………………………………………………………… 18
  课后学习指导 ………………………………………………………… 20

第二章 学前儿童健康教育活动设计与指导 …………………… 23
  第一节 学前儿童健康教育领域活动 ……………………………… 24
  第二节 学前儿童健康教育主题活动 ……………………………… 27
  第三节 学前儿童健康教育区域活动 ……………………………… 31
  行动研修 ……………………………………………………………… 34
  课后学习指导 ………………………………………………………… 35

第三章 学前儿童身体生长教育 ………………………………… 37
  第一节 学前儿童身体生长教育概述 ……………………………… 38
  第二节 学前儿童身体生长教育的基本内容 ……………………… 39
  第三节 学前儿童身体生长教育活动的设计与指导 ……………… 46
  行动研修 ……………………………………………………………… 50
  课后学习指导 ………………………………………………………… 50

第四章 学前儿童心理健康教育 ………………………………… 55
  第一节 学前儿童心理健康教育概述 ……………………………… 56
  第二节 学前儿童心理健康教育的目标与内容 …………………… 57

第三节　学前儿童心理健康教育活动的设计与指导 …………………… 61
　　行动研修 ……………………………………………………………………… 66
　　课后学习指导 ………………………………………………………………… 66

第五章　学前儿童安全教育 …………………………………………………… 69
　　第一节　学前儿童安全教育概述 …………………………………………… 70
　　第二节　学前儿童安全教育的目标与内容 ………………………………… 72
　　第三节　学前儿童安全教育的设计与指导 ………………………………… 80
　　行动研修 ……………………………………………………………………… 87
　　课后学习指导 ………………………………………………………………… 88

第六章　学前儿童生活习惯养成和生活能力教育 …………………………… 89
　　第一节　学前儿童生活习惯养成和生活能力教育概述 …………………… 90
　　第二节　学前儿童生活习惯养成和生活能力教育的目标与内容 ………… 91
　　第三节　学前儿童生活习惯养成和生活能力教育的设计与指导 ………… 96
　　行动研修 ……………………………………………………………………… 102
　　课后学习指导 ………………………………………………………………… 103

第七章　学前儿童饮食营养教育 ……………………………………………… 105
　　第一节　学前儿童饮食营养教育概述 ……………………………………… 106
　　第二节　学前儿童饮食营养教育的目标与内容 …………………………… 111
　　第三节　学前儿童饮食营养教育活动的设计与指导 ……………………… 115
　　行动研修 ……………………………………………………………………… 124
　　课后学习指导 ………………………………………………………………… 124

第八章　学前儿童体育活动 …………………………………………………… 131
　　第一节　学前儿童体育活动概述 …………………………………………… 132
　　第二节　学前儿童体育活动的目标与组织形式 …………………………… 133
　　第三节　学前儿童体育活动的设计与指导 ………………………………… 139
　　行动研修 ……………………………………………………………………… 148
　　课后学习指导 ………………………………………………………………… 149

参考文献 ………………………………………………………………………… 153

第一章 绪 论

 内容导读

教育是国之大计、党之大计。党的二十大报告提出要"办好人民满意的教育""强化学前教育、特殊教育普惠发展"。学前期是幼儿身心发展的重要启蒙时期，学前教育是人生的起点教育、根基教育，全面、完善的健康教育将为幼儿一生的身心健康奠定良好的基础，对促进幼儿健康幸福成长、提升全民族素质具有重要意义，是培养德智体美劳全面发展的社会主义建设者和接班人的有力保障。本章主要围绕学前儿童健康教育的概念、目标与内容、原则与方法三方面展开，帮助学生形成科学的学前儿童健康教育意识，为其开展学前儿童健康教育奠定基础。

第一节　学前儿童健康教育

学习目标

1. 能够阐述健康、健康教育及学前儿童健康教育的概念；
2. 领会学前儿童健康教育的意义；
3. 形成科学的学前儿童健康教育意识。

一、健康

健康伴随着我们每个人的成长，也是我们每个人都渴望达到的人生目标之一。美国思想家爱默生曾经说过："健康是人生的第一财富。"我国教育家陶行知也说过："健康是生活的出发点，也是教育的出发点。""健康"（health）一词第一次出现在英语语系中大约是在公元前1000年，最初和"神圣"（holy）一词同源，它的本义指向"健全"（soundness）与"完整"（wholeness），包括体格魁梧、机警聪慧以及精神的得救。20世纪80年代中期，世界卫生组织（World Health Organization，WHO）对健康概念作出全新定义，将其综合表述为生理健康、心理健康及社会适应良好的一种状态，而不仅是指没有疾病或者体质健壮。这一表述正是人类对自身认识不断深化的结果，也标志着医学模式从单纯的生物医学模式向"生物、心理、社会"的现代医学模式转变。同时，也使健康的概念不再仅仅局限于生物学领域，而是涉及社会、心理、精神、环境等诸多领域的因素。

20世纪90年代，世界卫生组织为健康注入新的内涵，将"道德健康"纳入其中，至此，"健康"的概念同时包含了生理健康、心理健康、社会适应良好以及道德健康四个方面的状态。生理健康，指人体在形态、结构、机能、体能和环境适应等方面处于良好状态；心理健康，指人在情绪、意志、平衡人际和社会关系等方面处于良好状态；社会适应良好，指人自身适应社会环境的变化与发展过程处于良好状态，包括群体关系、社会环境、应变能力、处理角色和工作能力等方面处于良好状态；道德健康，指人的信仰、品德、情操、人格等方面处于积极向上、高尚和完善的状态。目前我国医学、教育学、心理学、社会学等众多领域的学者在谈及健康时几乎都引用这一定义。

对于幼儿来说，怎样才算健康呢？2012年中华人民共和国教育部颁布的《3～6岁儿童学习与发展指南》（以下简称《指南》）中指出："健康是指人在身体、心理和社会适应方面的良好状态。"依据健康的概念，我们可以从身体健康、心理健康和社会适应三个层面来界定幼儿的健康表现。身体方面：生长发育良好，体型正常，身体姿势端正；机体具有一定的适应能力；动作和身体素质发展良好。心理方面：认知能力发展良好；具有良好、稳定的情绪情感表现；个性特征良好；无明显的心理问题或疾患。社会适应方面：人际关系融洽；具有一定的自我调适能力；具有良好的生活与卫生习惯，以及基本的生活能力。在判断幼儿是否健康时需要注意，不应简单地依照上述特征一一对照，而要充分考虑幼儿的年龄特点和个体差异。

二、健康教育

健康教育最早源于与学校有关的卫生教育，从19世纪后期开始，美国及欧洲一些国家相继尝试在学校开设生理卫生课，"健康"始被列为学校教育目标之一。目前，有关健康教育的定义有数十种，这些定义有如下五个共同点：

第一，健康教育是一个以教育为中心的过程，是自愿的学习而不是强制的；

第二，健康教育关注的对象是人，目的是使每个人有能力对自我的健康负责；

第三，健康教育的焦点在于健康知识与个人实际行为的联系与统一；

第四，健康教育重视个人行为的改变及影响个人行为形成、改变的各种因素；

第五，健康教育需要社会行动和行政干预。

目前还未有一个公认的"健康教育"定义，分析原因，很可能与不同国家经济、文化、卫生法规、保健要求的差异而导致的人们对健康教育的不同理解有关。同时，人们对健康教育的认识本身也有一个逐步深化的过程。虽然目前学界对健康教育的内涵有不同的见解，但在1988年、1991年召开的第13届、第14届世界健康教育大会上，100多个国家和地区的健康教育专家一致认为，健康教育不是一般卫生知识的传播、宣传和动员，它的着眼点是行为问题，是人们建立和形成有益于健康的生活方式和行为。基于上述认识，本书采用学者顾荣芳提出的定义："健康教育是传播健康知识，改善健康态度，促使人们自愿地采取有利于健康的行为，从而提高生命质量的教育活动。"

三、学前儿童健康教育

（一）学前儿童健康教育的概念

学前儿童健康教育是终身健康教育的基础，是学前教育最重要的组成部分。学前儿童健康教育是根据3～6岁学前儿童身心发展的特点，以提高学前儿童健康认识、改善学前儿童健康态度、培养学前儿童健康行为，维护和促进学前儿童健康为核心目标而开展的有组织、有计划、有目的的一系列教育活动。

按照世界卫生组织的规定，健康的理想标准应当是：使得个人机体的一切功能活动从童年直到成年都处于最令人满意的状态。具体来说，幼儿健康生长主要包含：健康的身体（指幼儿的身高、体重等测量指标符合该年龄段的正常标准）、良好的抗病能力、健康的五官以及良好的心理与社会适应能力。每个幼儿都要经历从自然人转化为社会人的发展过程，只有具备良好的身心素质及社会适应能力，未来才能够很好地适应飞速发展的社会。

（二）学前儿童健康教育的意义

健康是保证人发展的基础。陈鹤琴先生提出"幼稚园第一要注意的是儿童的健康"。《幼儿园教育指导纲要》（以下简称《纲要》）中明确要求："幼儿园必须把保护幼儿的生命和促进幼儿的健康放在工作的首位。"学前儿童健康教育旨在通过多种多样的手段，有计划、有目的、有组织地引导幼儿掌握健康知识，帮助幼儿养成健康的生活方式、行为方式，促进幼儿身心素质、社会适应能力的全面发展。对幼儿进行健康教育有十分重要的意义。

1. 抓住人身心发展的关键时期进行学前儿童健康教育十分必要

《指南》中指出:"幼儿阶段是儿童身体发育和机能发展极为迅速的时期,也是形成安全感和乐观态度的重要阶段。发育良好的身体、愉快的情绪、强健的体质、协调的动作、良好的生活习惯和基本生活能力是幼儿身心健康的重要标志,也是其他领域学习与发展的基础。" 3~6岁幼儿身体各器官、系统处于生长发育十分迅速而尚不成熟的时期,而各方面的控制能力较差。因此,成人不仅需要给予幼儿精心的照顾、爱护和帮助,还需要积极地创设良好的生活环境,利用一切有利因素促进幼儿正常的生长发育,增进和维护幼儿的身心健康。在学前儿童身心发展的关键时期进行健康教育十分重要。

2. 学前儿童健康教育将为幼儿一生的健康奠定良好的基础

《指南》明确指出:"为有效促进幼儿身心健康发展,成人应为幼儿提供合理均衡的营养,保证充足的睡眠和适宜的锻炼,满足幼儿生长发育的需要;创设温馨的人际环境,让幼儿充分感受到亲情和关爱,形成积极稳定的情绪情感;帮助幼儿养成良好的生活与卫生习惯,提高自我保护能力,形成使其终身受益的生活能力和文明生活方式。" 3~6岁是人发展的最佳时期,也是人生的奠基时期。学前儿童健康教育是终身健康教育的基础,健康的学前期不仅能提高幼儿的生命质量,而且能为其一生的健康打下基础。人在生命历程的每一阶段都必须高度重视健康问题,时时汲取健康信息,任何时候放松了对健康知识的学习和应用,健康都会远离自己。所以,进行学前儿童健康教育,培养幼儿健康的生活信念和生活方式,对其一生的生活质量和生命质量都是影响重大的。

3. 学前儿童健康教育是对幼儿进行全面素质教育不可或缺的组成部分

健康既是幼儿身心和谐发展的结果,又是幼儿身心充分发展的前提。健康的身体是幼儿智力发展的基础,如幼儿在进行适宜的身体运动前,各器官和系统在形态、结构和机能上得到一定的提高和完善,可以为智力活动提供先决条件。身体运动对智力发展有重要价值。美国心理学家克罗瓦尔曾说过:"动作是智力大厦的砖瓦。"学前儿童健康教育在促进幼儿身体健康发育、智力发展的同时,对幼儿道德的发展也有积极的影响,如帮助幼儿学会关心公共环境卫生、讲究秩序等。丰富多彩的健康教育活动满足了幼儿活泼好动的心理需要,同时也可以改变幼儿的不良习惯,使其学会与同伴和谐相处,感受和创造健康美。这些都有利于幼儿身心和谐全面地发展。

4. 幼儿的身心健康是国家、民族发展的需要

《中共中央 国务院关于深化教育改革全面推进素质教育的决定》指出:"健康的体魄是青少年为祖国和人民服务的基本前提,是中华民族旺盛生命力的体现。"陈鹤琴先生认为:"健全的身体是一个人做人、做事、做学问的基础。""强国必先强种,强种必先强身,要强身先要注意幼年的儿童。"人生长发育的关键期在6岁以前,3~6岁幼儿的身心健康关系着国家和民族的未来。因此,幼儿的健康是提高人口素质、民族素质的重要保证。只有个体身心健康,才能促进整个社会的健康发展,才能建设强大而繁荣的国家。

第二节 学前儿童健康教育的目标与内容

学习目标

1. 能够列举学前儿童健康教育不同层次的目标；
2. 能够说明学前儿童健康教育的内容及选择时应注意的问题；
3. 能够积极运用学前儿童健康教育目标与内容的理论知识展开活动设计分析。

一、学前儿童健康教育的目标

学前儿童健康教育目标是幼儿的身心发展应达到预期的健康水平的教育结果，是学前儿童健康教育活动的出发点和归宿，是科学开展健康教育活动的关键，是确定幼儿年龄阶段目标和具体活动目标的依据。它对幼儿的身心保健起规范作用，也有利于健康教育效果的评价。学前儿童健康教育目标包括总目标、阶段目标和教育活动目标，总目标具有高度概括性和引领性，阶段目标体现不同时期的年龄目标，教育活动目标则更具体，具有操作性。

（一）学前儿童健康教育总目标

学前儿童健康教育总目标是学前儿童健康教育的最终目的，是制订其他所有健康教育活动目标的重要依据，为学前儿童健康教育提供正确的价值导向和方向性的引领。学前儿童健康教育总目标体现在幼儿园的相关政策文件中。

《纲要》提出幼儿园必须把保护幼儿的生命和促进幼儿的健康放在工作的首位，具体目标有：

① 身体健康，在集体生活中情绪稳定、愉快；
② 生活、卫生习惯良好，有基本的生活自理能力；
③ 知道必要的安全保健知识，学习保护自己；
④ 喜欢参加体育活动，动作协调、灵活。

《指南》从身心状况、动作发展、生活习惯与生活能力三方面，规定健康领域幼儿发展的目标，具体目标有：

① 身心状况方面，包括具有健康的体态，情绪安定愉快，具有一定的适应能力；
② 动作发展方面，包括具有一定的平衡能力，动作协调、灵敏，具有一定的力量和耐力，手的动作灵活协调；
③ 生活习惯与生活能力方面，包括具有良好的生活与卫生习惯，具有基本的生活自理能力，具备基本的安全知识和自我保护能力。

近年来围绕学前儿童健康教育学习与发展的政策文件更加具体和详细。《纲要》对学前儿童健康教育总目标的表述与要求侧重教育的角度，而《指南》则更关注从幼儿学习的视角来阐述与分析健康教育目标，这都对学前儿童健康教育的具体实施有重要的引领作用。学前儿童健康教育目标也从关注幼儿体质、身体的发展变为关注体质、身体、

生活能力、适应能力等共同发展。

（二）学前儿童健康教育阶段目标

学前儿童健康教育阶段目标是指以3～6岁幼儿身心发展特点为依据而确定的目标，它是在学前儿童健康教育总目标的指导下，对3～6岁每个阶段幼儿的健康教育提出不同层次的要求，是对学前儿童健康教育总目标的具体化。阶段目标的确定能够帮助教师细化总目标，并能更好地把握幼儿园健康教育的年龄特点，为具体的健康活动设计提供依据。

《指南》从幼儿学习的视角，将健康领域分为身心状况、动作发展、生活习惯与生活能力三个维度，并具体划分为9个子目标，同时将9个子目标在具体年龄的表现一一呈现出来，见表1-1。

表1-1　学前儿童健康教育阶段目标

维度	目标	小班（3～4岁）	中班（4～5岁）	大班（5～6岁）
身心状况	具有健康的体态	1. 身高和体重适宜 参考标准： 男孩 身高：94.9～111.7厘米 体重：12.7～21.2公斤 女孩 身高：94.1～111.3厘米 体重：12.3～21.5公斤 2. 在提醒下能自然坐直、站直	1. 身高和体重适宜 参考标准： 男孩 身高：100.7～119.2厘米 体重：14.1～24.2公斤 女孩 身高：99.9～118.9厘米 体重：13.7～24.9公斤 2. 在提醒下能保持正确的站、坐和行走姿势	1. 身高和体重适宜 参考标准： 男孩 身高：106.1～125.8厘米 体重：15.9～27.1公斤 女孩 身高：104.9～125.4厘米 体重：15.3～27.8公斤 2. 经常保持正确的站、坐和行走姿势
	情绪安定愉快	1. 情绪比较稳定，很少因一点小事哭闹不止 2. 有比较强烈的情绪反应时，能在成人的安抚下逐渐平静下来	1. 经常保持愉快的情绪，不高兴时能较快缓解 2. 有比较强烈情绪反应时，能在成人的提醒下逐渐平静下来 3. 愿意把自己的情绪告诉亲近的人，一起分享快乐或求得安慰	1. 经常保持愉快的情绪。知道引起自己某种情绪的原因，并努力缓解 2. 表达情绪的方式比较适度，不乱发脾气 3. 能随着活动的需要转换情绪和注意力
	具有一定的适应能力	1. 能在较热或较冷的户外环境中活动 2. 换新环境时情绪能较快稳定，睡眠、饮食基本正常 3. 在帮助下能较快适应集体生活	1. 能在较热或较冷的户外环境中连续活动半小时左右 2. 换新环境时较少出现身体不适 3. 能较快适应人际环境中发生的变化。如换了新老师能较快适应	1. 能在较热或较冷的户外环境中连续活动半小时以上 2. 天气变化时较少感冒，能适应车、船等交通工具造成的轻微颠簸 3. 能较快融入新的人际关系环境。如换了新的幼儿园或班级能较快适应

续 表

维度	目标	小班（3～4岁）	中班（4～5岁）	大班（5～6岁）
动作发展	具有一定的平衡能力，动作协调、灵敏	1. 能沿地面直线或在较窄的低矮物体上走一段距离 2. 能双脚灵活交替上下楼梯 3. 能身体平稳地双脚连续向前跳 4. 分散跑时能躲避他人的碰撞 5. 能双手向上抛球	1. 能在较窄的低矮物体上平稳地走一段距离 2. 能以匍匐、膝盖悬空等多种方式钻爬 3. 能助跑跨跳过一定距离，或助跑跨跳过一定高度的物体 4. 能与他人玩追逐、躲闪跑的游戏 5. 能连续自抛自接球	1. 能在斜坡、荡桥和有一定间隔的物体上较平稳地行走 2. 能以手脚并用的方式安全地爬攀登架、网等 3. 能连续跳绳 4. 能躲避他人滚过来的球或扔过来的沙包 5. 能连续拍球
	具有一定的力量和耐力	1. 能双手抓杠悬空吊起10秒左右 2. 能单手将沙包向前投掷2米左右 3. 能单脚连续向前跳2米左右 4. 能快跑15米左右 5. 能行走1公里左右（途中可适当停歇）	1. 能双手抓杠悬空吊起15秒左右 2. 能单手将沙包向前投掷4米左右 3. 能单脚连续向前跳5米左右 4. 能快跑20米左右 5. 能连续行走1.5公里左右（途中可适当停歇）	1. 能双手抓杠悬吊起20秒左右 2. 能单手将沙包向前投掷5米左右 3. 能单脚连续向前跳8米左右 4. 能快跑25米左右 5. 能连续行走1.5公里以上（途中可适当停歇）
	手的动作灵活协调	1. 能用笔涂涂画画 2. 能熟练地用勺子吃饭 3. 能用剪刀沿直线剪，边线基本吻合	1. 能沿边线较直地画出简单图形，或能边线基本对齐地折纸 2. 会用筷子吃饭 3. 能沿轮廓线剪出由直线构成的简单图形，边线吻合	1. 能根据需要画出图形，线条基本平滑 2. 能熟练使用筷子 3. 能沿轮廓线剪出由曲线构成的简单图形，边线吻合且平滑 4. 能使用简单的劳动工具或用具
生活习惯与生活能力	具有良好的生活与卫生习惯	1. 在提醒下，按时睡觉和起床，并能坚持午睡 2. 喜欢参加体育活动 3. 在引导下，不偏食、挑食。喜欢吃瓜果、蔬菜等新鲜食品 4. 愿意饮用白开水，不贪喝饮料 5. 不用脏手揉眼睛，连续看电视等不超过15分钟 6. 在提醒下，每天早晚刷牙、饭前便后洗手	1. 每天按时睡觉和起床，并能坚持午睡 2. 喜欢参加体育活动 3. 不偏食、挑食，不暴饮暴食。喜欢吃瓜果、蔬菜等新鲜食品 4. 常喝白开水，不贪喝饮料 5. 知道保护眼睛，不在光线过强或过暗的地方看书，连续看电视等不超过20分钟 6. 每天早晚刷牙、饭前便后洗手，方法基本正确	1. 养成每天按时睡觉和起床的习惯 2. 能主动参加体育活动 3. 吃东西时细嚼慢咽 4. 主动饮用白开水，不贪喝饮料 5. 主动保护眼睛。不在光线过强或过暗的地方看书，连续看电视等不超过30分钟 6. 每天早晚主动刷牙，饭前便后主动洗手，方法正确

续　表

维度	目标	小班（3～4岁）	中班（4～5岁）	大班（5～6岁）
生活习惯与生活能力	具有基本的生活自理能力	1. 在帮助下能穿脱衣服或鞋袜 2. 能将玩具和图书放回原处	1. 能自己穿脱衣服、鞋袜、扣纽扣 2. 能整理自己的物品	1. 能知道根据冷热增减衣服 2. 会自己系鞋带 3. 能按类别整理好自己的物品
	具备基本的安全知识和自我保护能力	1. 不吃陌生人给的东西，不跟陌生人走 2. 在提醒下能注意安全，不做危险的事 3. 在公共场所走失时，能向警察或有关人员说出自己和家长的名字、电话号码等简单信息	1. 知道在公共场合不远离成人的视线单独活动 2. 认识常见的安全标志，能遵守安全规则 3. 运动时能主动躲避危险 4. 知道简单的求助方式	1. 未经大人允许不给陌生人开门 2. 能自觉遵守基本的安全规则和交通规则 3. 运动时能注意安全，不给他人造成危险 4. 知道一些基本的防灾知识

（三）学前儿童健康教育活动目标

日常教学中，学前儿童健康教育总目标和各年龄阶段目标都必须转化为一个个具体的、可以通过教学活动实现的活动目标。因此，在制订学前儿童健康教育活动目标时，要考虑全面性、可操作性、适宜性、针对性、同一性五个方面。

1. 全面性

学前儿童健康教育活动目标要涵盖全面，充分考虑幼儿全面发展目标的达成，从认知目标、情感态度目标和动作技能目标三个维度来进行阐述。认知目标的表述，可以使用"知道""列举""认识"等动词；情感态度目标的表述，可以使用"感受""体验"等动词；能力目标的表述，可以使用"能""学会""尝试"等动词。例如，大班健康活动"穿合适的鞋"的活动目标，就是从认知目标、情感态度目标和动作技能目标三个维度进行表述："认识几种常见的鞋，知道不同的鞋有不同的用处"是认知目标；"欣赏各种各样的鞋"是情感态度目标；"会自己穿鞋"是动作技能目标。但需要注意的是，强调目标的全面性，并不意味每个活动都必须制订三维目标，有些活动根据实际情况或许只设定两个维度目标。

2. 可操作性

学前儿童健康教育活动目标的表述应准确具体和具有可操作性。例如，一名中班教师设计刷牙活动的目标之一是"学习正确的刷牙方法，养成早晚刷牙的好习惯"；喝水活动的目标之一是"知道口渴了要接水喝，养成主动喝水的习惯"。这两个目标表述具体、明确，比笼统的"培养幼儿良好的生活卫生习惯"对教学更有指导意义。

3. 适宜性

学前儿童健康教育活动目标要适宜，要符合幼儿的认知发展水平和客观条件，避免目标定得过高或过低。例如，中班健康活动"认识自己的身体"的活动目标之一是

"初步了解人体内部各器官的名称及主要功能"。但这个目标的实现难度过大。可以修改为:"说说跑步后身体有什么变化,相互听听或摸摸心跳""知道运动出汗后不要立即喝很多水,学习保护心脏""注意观察身体,发现身体在大小、对称、多少等方面的有趣"等。

4. 针对性

学前儿童健康教育活动目标要具有针对性,不要大而空,要针对本次活动的重点。例如,大班健康活动"手绢真干净"的活动目标之一是"知道自己长大了,能做力所能及的事,会管理自己的物品"。这一目标过于笼统,没有体现活动重点,可以用于大多数健康教育类活动。可以修改为:"知道每天更换手帕,保持手帕干净""能自己洗手帕,愿意做力所能及的事"等。

5. 同一性

学前儿童健康教育活动目标要具有同一性,目标的表述主语要统一,尽量选择以幼儿为主体进行表述。例如,大班健康活动"牛牛换牙"的目标是:"① 树立护牙意识,消除换牙带来的恐惧心理;② 帮助幼儿形成保护牙齿的习惯。"目标①的行为主体是幼儿,目标②的行为主体则是教师,表述主体明显不统一。因此,可以把目标②改为"逐步形成保护牙齿的卫生习惯"。

总之,在制订学前儿童健康教育活动目标时应该具体而不狭隘,明确而又留有空间,适中而又分层,不盲目追求不确定性,也不使目标过于死板,在教学过程中不断思考和反思,进一步制定出合适的活动目标。

 随堂思考

某幼儿园中班为了强化幼儿的卫生习惯,开展了一次以"培养幼儿自我卫生习惯"为主题的教学活动,包括"我是清洁小能手""我爱刷牙""小手真干净"等活动。其中"我爱刷牙"的活动目标包括:

① 知道吃完东西不刷牙对牙齿会有伤害;
② 认识刷牙工具,并学习正确的刷牙方法;
③ 养成良好的卫生习惯。

请分析:以上案例中的活动目标设计是否合理?

二、学前儿童健康教育的内容

(一)选择学前儿童健康教育内容的依据

学前儿童健康教育内容是要解决在幼儿园实施健康教育时教师教什么或幼儿应学什么的问题。但在任何时候,幼儿应学的东西总是比能够学到的东西多。因此,教师必须考虑内容的选择问题:什么内容是有利于幼儿健康知识学习的?哪些内容是有利于学前儿童健康教育活动目标实现的?著名幼儿教育专家陈鹤琴对幼儿园课程提出了"十大原则"，其中包括幼儿园课程"是配合儿童身心发展的，是促进儿童健康的""应是儿童化的，不是成人化的""是配合目前形势和实际需要的，而不是脱离现实的""是发展的、连续的，而不是孤立的"等方面。这些教育思想对教师选择学前儿童健康教育内容具有重要的指导意义，具体而言应依据以下四个方面。

1. 以目标为依据

学前儿童健康教育的内容是实现幼儿园健康教育目标的手段，而学前儿童健康教育目标的确定为学前儿童健康教育内容的选择提供了基本方向。《纲要》及《指南》中用学前儿童健康教育目标界定了教育内容，并且提出了教育内容的要点。在实际操作中，应时刻注意目标与内容之间的关系。目标与内容不是简单的一一对应关系，而是多对多的关系，这就决定了依据目标选择内容具有一定的复杂性。首先，选择内容时要考虑是为了实现哪一个或哪几个目标，对内容所具有的教育价值进行基本分析，评估所选内容与目标有无关联，是何关联，是否还有其他关联更密切的内容。其次，依据某一目标选择内容时，要考虑还有哪些内容能够促进这一目标的实现。因为内容与目标并非一一对应的关系，一个目标往往需要多项内容的学习才能实现。要考虑这一内容还可以达到哪些目标，因为有时一项内容也可能指向多个目标。最后，还需重点考虑情感态度目标，因为这些目标没有特定的直接与之对应的内容，需要通过给予幼儿相应的经验来达成。例如，目标中提出要培养幼儿不偏食、不挑食的饮食习惯，为此就要选择与认识、品尝各类食物有关的内容。再如幼儿入园焦虑问题，有一名教师为小班幼儿制定了"情绪稳定，对幼儿园环境有兴趣，愿意与同伴交往并参加本班活动"的目标，在内容的选择上，就要紧密围绕目标，如加入参观幼儿园环境和学习歌曲《我爱我的幼儿园》等内容。

2. 符合幼儿身心发展的特点

正如陈鹤琴先生所说，幼儿园课程的选择"应是儿童化的，不是成人化的"。虽然在确定学前儿童健康教育目标时已经考虑到了幼儿身心发展的特点和规律，但在内容选择时，还需进一步分析幼儿的身心发展特点和规律。健康教育内容的难度水平应处在幼儿的最近发展区，既要符合幼儿已有发展水平，又要能够促进其进一步发展；同时还要考虑即使是同一年龄的幼儿，也有各自不同的最近发展区。因此，在选择内容时必须了解幼儿的一般发展需要和特殊需要。最后，还需考虑幼儿已有的生活经验和健康习惯，了解幼儿的接受能力，选择幼儿可接受的方式确定具体教育内容，以便有效开展教育活动。例如，大班幼儿对自己或同伴的生殖器官感兴趣，教师可以设计一个"了解自己的秘密"的健康教育活动，满足大班幼儿的求知欲，但同样的内容如果放在小班进行效果就不会好。

3. 注意知识经验的序列性及幼儿知识经验的准备

学前儿童健康教育内容的选择还要与幼儿身心发展及生活经验相关联，任何背离幼儿身心发展规律的目标最终都无法达成。幼儿身体各器官组织的发育还不成熟，功能不完善，心理正处于发展阶段，思维水平相对较低。在选择健康教育内容时，要针对幼儿的健康现状及其发展趋势，符合幼儿身心发展的水平，紧密联系其生活经验，幼儿才感兴趣，教育效果也会比较理想。例如，在小班幼儿的如厕学习单元活动中，应先让幼儿认识到及时和主动大小便的重要性，然后学习如何自主小便，再逐渐学习自己擦屁股。有时，同样的健康教育主题也可在不同年龄班开展，但其教育目标和对幼儿的具体要求不一样，教师应该根据幼儿的年龄特点和个体差异，选择适宜的教育内容。

4. 紧密联系社会实际

教育要为社会发展培养人才，任何社会的教育都要根据社会的需求来规定人才培养的目标。不同的社会形态，不同的经济发展条件，对人才的要求是不同的。时代的发展、科学的进步、知识的更新，应在学前儿童健康教育中有所反映，这是学前儿童健康教育现代化的要求，也是幼儿全面发展的要求。因此，在选择健康教育内容时，要考虑当前社会发展的实际情况，做到与时俱进。例如，针对治安问题，可以开展"不跟陌生人走""防拐骗""防走失"等主题的活动；针对城市中幼儿居住环境改变、居住的安全问题，可以开展"阳台上的安全""一个人在家的时候""电梯的安全"等主题的活动。

（二）学前儿童健康教育的内容

在《纲要》和《指南》的指导下，学前儿童健康教育内容涉及的范围较为广泛，针对不同年龄段的幼儿，健康教育活动内容的侧重点也不同。根据知识传授特点的不同，学前儿童健康教育内容可分为身体生长、心理健康、安全教育、生活习惯和生活能力、饮食营养、体育活动六个方面。

1. 身体生长

学前期是人生的起步阶段，幼儿身体的各个器官发育极为迅速却又极不成熟，这个阶段是幼儿身体健康成长的关键期。身体健康应该成为学前儿童健康教育内容的重要组成部分。幼儿身体生长是指幼儿身体形态结构和身体机能的健康发展。身高与体重是幼儿生长发育最常用的形态指标，它关系到幼儿身体发育的基本特征与营养状况，《指南》也将其作为重要内容呈现。幼儿的身体形态结构与幼儿骨骼、肌肉、关节发育状况密切相关。身体机能对人的健康成长至关重要，包括机体的新陈代谢水平以及各器官、系统的功能。在幼儿阶段，要重点关注幼儿的血液循环系统机能、呼吸系统机能、消化系统机能。

2. 心理健康

在当代的健康观中，人们越来越重视心理健康。健康应该是身体健康与心理健康的统一，二者相互影响、相互作用。《纲要》明确提出树立正确的健康观念，在重视幼儿身体健康的同时，还要高度重视幼儿的心理健康，《指南》也明确提出幼儿在运动时心情更愉快，这些都指向了幼儿心理健康教育。幼儿心理健康包括表达和调节情绪情感、社会交往能力、性教育和心理障碍与行为异常预防。表达和调节情绪情感是让幼儿正确认识情绪、了解情绪，学会表达自己的情绪，并对消极情绪进行调节。社会交往能力是让幼儿在社会化过程中掌握一定的社会规范，正确处理同伴关系。性教育包括让幼儿逐渐了解性知识，培养幼儿正确的性别认同和角色意识。心理障碍与行为异常预防是指在健康教育中，教师应能根据专业的观察、测评，判断幼儿的各类心理和行为异常反应，及早发现幼儿存在的心理问题，联合家长进行积极的早期干预和早期治疗。

3. 安全教育

随着幼儿自主性的发展，幼儿对外界的探索兴趣渐浓，成人不能代替和包办幼儿去探索和认知，幼儿需要在成人的帮助下不断地识别危险的情境与事情，提升自我安全意识。因此，学前儿童健康教育应包括提高幼儿安全自护能力方面的内容，帮助幼儿掌握必要的安全知识和技能，使其学会灵活处理遇到的安全问题。《指南》提出："结合生活实际对幼儿进行安全教育。如：外出时提醒幼儿要紧跟成人，不远离成人的视线。""教给幼儿简单的自救和求救的方法。如：遇到火灾或其他紧急情况时，知道要拨打110、120、119等急救电话。"从中可以看出，安全自护教育是对幼儿进行交通安全、生活活动安全、危险环境中的自救自护、与他人安全交往等方面的教育。其主要目的是帮助幼儿习得和掌握日常生活中最基本的安全知识，使幼儿逐步学会自己照顾自己，增强自我保护意识和能力，能够安全、健康地成长。

4. 生活习惯和生活能力

幼儿从小养成良好的生活习惯将使其终身受益，学前期良好的生活与卫生习惯养成会对成年后的行为与习惯产生积极的影响。良好的生活习惯包括基本的生活习惯、规律的生活习惯、清洁卫生习惯。《指南》提出："让幼儿保持有规律的生活，养成良好的作息习惯。如：早睡早起、每天午睡、按时进餐、吃好早餐等。""指导幼儿学习和掌握生活自理的基本方法。如：穿脱衣服和鞋袜、洗手洗脸、擦鼻涕、擦屁股的正确方法。"基本的生活习惯主要是指幼儿的自理生活习惯，《指南》中特别强调这部分内容，并从幼儿独立进餐、盥洗、排泄后的自理，穿脱衣袜，整理生活用品与学习用品等方面提出具体的要求。规律的生活习惯是指幼儿能够建立一日生活的时间观念，能够养成按时睡眠、饮食、盥洗、运动等习惯。清洁卫生习惯是指幼儿能够具备卫生观念，在班级生活中有集体卫生意识，不破坏班级卫生环境，勤洗头、勤洗手，保持生活用品的清洁，保持生活环境的整洁。简而言之，生活卫生教育就是培养幼儿的基本生活自理能力，使其形成良好的个人卫生习惯、生活习惯等，逐步引导幼儿学习以健康的方式生活，为幼儿的健康成长及其一生的健康打好基础。

5. 饮食营养

营养是保证幼儿进行身体活动、体育锻炼的重要物质基础。学前期，幼儿生长发育迅速，新陈代谢旺盛，对营养的需求大，必须确保幼儿通过饮食获得多种营养素，以满足幼儿身体发展和机能完善所需的能量。除了成人的帮助，幼儿也要初步建立对食物和饮食的认识。《指南》提出："帮助幼儿养成良好的饮食习惯。如：合理安排餐点，帮助幼儿养成定点、定时、定量进餐的习惯。帮助幼儿了解食物的营养价值，引导他们不偏食不挑食、少吃或不吃不利于健康的食品；多喝白开水，少喝饮料。吃饭时不过分催促，提醒幼儿细嚼慢咽，不要边吃边玩。"从中可以看出，饮食与营养教育是对幼儿饮食习惯的培养和对幼儿进行初步的营养教育，帮助幼儿习得良好饮食习惯的有关知识，了解常见食物的名称及其营养价值，以及掌握膳食平衡的简单知识，使幼儿形成健康的饮食习惯。

6. 体育活动

体育活动教育就是以教授幼儿身体运动为基本手段的教育活动，3～6岁幼儿身体正处于迅速发展时期，幼儿园应开展丰富多样的、适合幼儿身体条件的体育锻炼，满足幼儿身体发展需要。《指南》提出："开展丰富多样、适合幼儿年龄特点的各种身体活动，如：走、跑、跳、攀、爬等，鼓励幼儿坚持下来，不怕累。""利用多种活动发展身体平衡和协调能力。如：走平衡木，或沿着地面直线、田埂行走；玩跳房子、踢毽子、蒙眼走路、踩小高跷等游戏活动。""发展幼儿动作的协调性和灵活性。如：鼓励幼儿进行跑跳、钻爬、攀登、投掷、拍球等活动。玩跳竹竿、滚铁环等传统体育游戏。""对于拍球、跳绳等技能性活动，不要过于要求数量，更不能机械训练。"具体来说，体育活动教育包括基本动作、身体素质、基本体操和队列队形、手指小肌肉群发展。

第三节 学前儿童健康教育的原则与方法

 学习目标

1. 能够解释说明学前儿童健康教育的原则和方法；
2. 能够运用学前儿童健康教育的原则和方法进行教学活动分析；
3. 初步建立对学前儿童健康教育活动设计进行分析的意识。

一、学前儿童健康教育的原则

学前儿童健康教育的原则是幼儿园为实现健康教育目标而制定的包括目标、法则和规则在内的完整体系，是幼儿园实施健康领域教育必须遵循的基本准则和基本要求。它对学前儿童健康教育的有效进行起着指导性作用，对实现学前儿童健康教育目标、提高教育质量、完成教育任务有着重要影响。学前儿童健康教育的原则主要包括科学性原则、主体性原则、趣味性原则、渗透性原则及发展性原则。

（一）科学性原则

科学性是学前儿童健康教育首要考虑的原则，主要体现在两个层面：一是学前儿童健康教育观念的科学性，二是学前儿童健康教育内容选择的科学性。

学前儿童健康教育观念首先表现为健康教育观念。随着世界卫生组织对健康定义的不断完善，教师在开展学前儿童健康教育时，要全方位关注幼儿的健康发展，尤其不能忽略幼儿的心理健康与社会适应方面的发展。其次表现为学前儿童健康教育生态观。生态指一切生物的生存状态，以及生物之间和生物与环境之间环环相扣的关系。学前儿童健康教育是一个有机和谐的系统，幼儿园不仅要把握健康教育的理念、内容和方法，还有责任将社区、家庭等因素整合到健康教育中来，创造良好的健康教育生态环境。

学前儿童健康教育内容选择的科学性是指选择的内容必须符合健康原理，应从幼儿的生活经验出发，正确解释幼儿生活中的健康问题和健康行为。

（二）主体性原则

学前儿童健康教育应遵循主体性原则。从教育的角度看，任何教育只有通过受教育者的内化才能完成。学生是教育活动的主体，学生的主体性是指在教育活动中，作为主体的学生在教师引导下处理同外部世界的关系时所表现出的功能特征，具体表现为选择性、自主性、能动性和创造性。实施学前儿童健康教育，无论是目标的制定、内容的选择还是方法的运用，均应体现出以幼儿为主体，应该根据幼儿的兴趣和身心发展特点来制定目标、选择内容，运用幼儿喜爱的方法，促使幼儿从"要我学"变成"我要学""我爱学"。《指南》指出："幼儿身心发育尚未成熟，需要成人的精心呵护和照顾，但不宜过度保护和包办代替，以免剥夺幼儿自主学习的机会，养成过于依赖的不良习惯，影响其主动性、独立性的发展。"

（三）趣味性原则

学前儿童健康教育应遵循趣味性原则，这具有合理性前提，也具有现实意义；不仅符合幼儿教育的基本要求，也符合幼儿的年龄特点。贯彻趣味性原则最为重要的载体是游戏，游戏是幼儿生活中自发、自愿进行的最重要的活动，甚至在健康教育活动中，游戏也是促进教育活动顺利完成、幼儿获得关键经验的重要方式。因此，教师要想方设法采用各种教学方法引起幼儿兴趣，让幼儿在获得愉快的游戏体验的同时，完成教育目标。游戏能够最大限度地唤起幼儿的活动兴趣，使幼儿积极主动地与周围环境互动，在游戏中探索、发现、思考，积极主动地建构自己的经验、意义。游戏能够为幼儿的主动学习和经验建构提供具有"发展适宜性"的生态环境。这种生态能够整合幼儿的娱乐需要与学习兴趣，为幼儿提供创新的活动经验。运用游戏形式来开展学前儿童健康教育不仅是可行的，而且还具有极大的积极效果。

（四）渗透性原则

渗透性是一个全面的教育观念，强调领域、地域间的相互畅通、相互作用，促进整体、均衡的发展。学前儿童健康教育是学前教育的一部分，为了完成整体性的目标，有必要将渗透的理念与方式融合在学前儿童健康教育中。具体来讲，一要渗透于其他领域中，《纲要》明确要求："教育活动内容的组织应充分考虑幼儿的学习特点和认知规律，各领域的内容要有机联系，相互渗透，注重综合性、趣味性、活动性，寓教育于生活、游戏之中。"二要渗透于一日生活中，教师要善于发现日常生活中的契机进行健康教育，捕捉能促进幼儿健康与发展的情境。学前儿童健康教育内容与幼儿的衣食住行密切相关，幼儿在日常生活中通过不断的体验、练习、学习，逐渐形成健康行为和习惯。《指南》提出，应教给幼儿"记住自己家庭的住址、电话号码、父母的姓名和单位，一旦走失时知道向成人求助，并能提供必要信息""外出时，提醒幼儿要紧跟成人，不远离成人的视线，不跟陌生人走，不吃陌生人给的东西；不在河边和马路边玩耍；要遵守交通规则等"。诸多建议都是幼儿、教师和家长在生活中要采取的措施，充分体现出学前儿童健康教育内容与日常生活的有机结合。三要渗透于家庭中。健康教育不仅要在幼儿园中进行，还需渗透在家庭生活中。家园一致是幼儿形成健康观念、行为和习惯的重要保障，只有家园双方有效配合才能使健康教育更有效率。

（五）发展性原则

一方面，学前儿童健康教育要为幼儿的现实发展负责，使每个幼儿在原有水平上得到发展。学前儿童健康教育目标的制定、内容的选择，应略高于幼儿现有水平，又是幼儿经过努力可以完成的；同时，要注重个体差异，活动的组织可以小组、个别活动为主，集体活动为辅，加强对个别幼儿的指导，实现每个幼儿的发展。另一方面，学前儿童健康教育更要为幼儿的终身发展负责，不能只顾眼前学到了什么或当下是否快乐。例如，只强调健康技能的习得，却使幼儿丧失了学习的兴趣和进行创造性学习的愿望；只注重自由快乐的气氛，却使幼儿养成了无所事事、懒惰散漫的坏习惯。学前儿童健康教育要尽量结合幼儿终身发展的需要来设计活动。此外，学前儿童健康教育是建立在幼儿身心需求与发展特点基础之上的，要由易到难、由简到繁、由已知到未知，逐渐深化，这样才能让幼儿了解健康的知识、获得健康行为、形成健康的生活习惯，从而获得科学、合理的关键经验。

二、学前儿童健康教育的方法

学前儿童健康教育的方法是指为完成学前儿童健康教育活动目标而采用的手段。幼儿都喜欢寓教于乐的教育方式，因此，应根据幼儿身心特点及健康教育的内容选择具有多样性、趣味性和针对性的教育方法。教师在整个教育活动实施过程中，一定要灵活运用各类教学方法，贯彻启发性教学原则，激发幼儿学习和练习的兴趣，活跃幼儿的思维，培养幼儿的主动性、创造性，有效发展幼儿的各项能力。学前儿童健康教育的方法具体可分为语言类、直观类和实践类三类。

（一）语言类方法

语言类方法是指通过教师的语言表达，向幼儿描绘情境、叙述事实、解释概念、说明道理，使幼儿直接获得知识的教学方法。语言类方法对激发幼儿参与学习与练习的兴趣，指导幼儿活动，讲解健康知识，培养幼儿良好行为习惯，发展幼儿智力等都具有一定的意义。这是幼儿园教育活动中最常用的一类方法，主要包括讲述法、谈话法、讨论法。

1. 讲述法

讲述法是健康教育活动中一种最主要、最常见的方法。讲述法是指教师通过口头语言生动地叙述、说明健康知识以及完成活动的要领、方法和要求，并有效指导幼儿进行活动的方法，包括叙事、描述、解释、说明等表述方式。

教师在运用讲述法时要注意：一要目的明确，并具有一定的教育意义。教师的讲述应该根据活动目标、内容要求及活动过程的不同阶段与幼儿的实际反应，合理安排讲解什么、怎样讲解、讲解多少，有的放矢地进行。二要做到语言准确、生动有趣、简明易懂、形象逼真、层次分明，符合幼儿的认知水平和理解能力。三要有一定的启发性，活跃幼儿的认识过程，具有四两拨千斤之功效。四要时机合理，"该出手时就出手"。依据活动过程的具体特点和幼儿的实际情况，采用不同的讲解方法，才能提高活动质量。

2. 谈话法

谈话法是指教师采用提问、问答、讨论等方式进行健康知识教学的方法。教师可以通过提问，引导幼儿运用已有的知识经验回答健康问题，以获得新知识或强化巩固已获得的经验。

教师在运用谈话法时要注意：一是选择的健康问题要符合幼儿的身心发展规律，要具有启发性、针对性和思想性；二是问题要明确具体，要选择好提问时机，及时捕捉幼儿的兴趣点，运用准确、易理解的语言对幼儿展开提问；三是要做好谈话后的总结，帮助幼儿学会谈话技巧。谈话结束后，教师要及时总结谈话中涉及的重点健康知识，帮助幼儿进一步加深记忆。

3. 讨论法

讨论法是指教师引导幼儿根据活动要求和自己对知识的理解，提出问题，发表自己的见解，使其主动参与的方法。讨论法能有效地帮助幼儿表达自己的真实想法，鼓励幼儿对他人的思想加以评价，从而提高幼儿辨别是非的能力。同时，这也是教师及时了解与掌握幼儿的学习情况，促进幼儿积极思考，提高幼儿自我分析与自我评价能力的方法。例如，要让幼儿掌握行路安全知识，教师可以就行路时不注意观察交通标志的害处让幼儿进行讨论，从而使幼儿加深对行路安全的认识，形成合理正确的行为；在教授幼儿学习正确的进餐姿势时，让幼儿就不同就餐行为进行讨论，总结出正确的就餐姿势，从而完善自我行为。

 随堂思考

教师组织中班幼儿进行主题活动"垃圾食品不能吃"时，先讲了垃圾食品的定义与范围，又提出了肯德基、麦当劳等快餐，没想到刚一开口，幼儿的情绪就非常高昂，热烈讨论起来：快餐有薯条、汉堡、鸡翅等。连平时不怎么说话的幼儿也积极参与了进来。教师等幼儿讨论完毕，才引导提问："那你们知道肯德基、麦当劳的快餐食物中含有很多能使人发胖的东西吗？"幼儿茫然摇头，教师继续活动。

请分析：以上案例中，教师使用了哪种语言类教学方法？

（二）直观类方法

直观类方法是学前儿童健康教育活动的主要方法，是教师配合健康知识讲解，向幼儿展示实物、教具或做演示实验和示范表演，借以说明和印证所讲授的健康知识的一类方法。直观类方法主要包括观察法、示范法、演示法。

1. 观察法

观察法是指教师有计划、有目的地引导幼儿感知客观事物的方法。观察活动可以是幼儿主动的、自发的，也可以是教师专门组织的。

教师在运用观察法时要注意：一是观察前要做好准备工作，明确观察内容和熟悉观察对象，创造观察条件；二是观察开始时，要向幼儿提出观察的目的；三是观察过程中要运用语言和手势进行指导，调动幼儿的多种感官参与；四是观察结束时要总结幼儿观察的印象，让幼儿将观察到的健康知识进一步巩固和条理化。例如，通过动画向幼儿展示"七步洗手法"就是很典型的观察法教育。

2. 示范法

示范法是指教师通过自己的语言、动作进行教学表演，为幼儿提供具体的模仿范例，使幼儿了解所要学习的动作形象、结构、要领和方法，以指导幼儿进行学练的方法。示范法是教师组织幼儿活动时常用的有效方法。

教师在运用示范法时要注意：一是示范时要有明确的目的，教师应该根据活动目标、内容及活动程序与幼儿的实际情况，具体安排示范什么，怎样示范，根据实际情况，可以选择常速示范、慢速示范及重点示范等方式；二是示范要正确，教师准确、熟练、优美、轻松的示范可以有效激发幼儿模仿动作的愿望，调动幼儿积极参与活动的兴趣，提高幼儿对人体动作美的欣赏能力；三是示范要有利于幼儿观察，教师示范要根据幼儿的位置、动作的性质及安全保健的要求，选择合理的位置和方向，引导幼儿观察，发展幼儿的观察能力；四是示范与讲解结合运用，在动作教授过程中，结合运用示范与讲解，有效调动幼儿的视觉、听觉等感知能力，有利于幼儿将观察与思考紧密结合，从而提高学习效果。

3. 演示法

演示法是指教师向幼儿出示实物、教具等比较直观的模型进行再现的方法。

教师在运用演示法时要注意：一是在演示前要加以必要的说明，明确学习任务；二是演示时要正确、清楚，动作不要太快，要边讲边做，及时提出问题；三是演示后要做好小结，引导感性知识向理性知识的升华。

 随堂思考

某幼儿园中班教师围绕正确的刷牙方法设计教学活动。活动中，教师即使亲身示范也难以充分展示刷牙的过程、重点、时间与空间特征时，借助模具的演示，可有效提高幼儿学习的效果；让幼儿了解人体的消化系统时，通过立体图示《豆豆旅行记》，引导幼儿具体感知"豆豆"在身体里的运动轨迹，让幼儿生动、形象地感知食物在人体中的消化过程，从而了解人体消化系统，并培养幼儿关心和保护身体健康的意识。为了提高教具与模型的展示效果，注意演示时要有明确的目的和程序。

请分析：以上案例中，教师运用了哪种直观类教学方法？

（三）实践类方法

实践类方法是指教师创设多种以幼儿为主体的健康实践活动，训练幼儿的各种感官，达到进一步理解知识、巩固技能、加深记忆的一类教学方法。实践类方法主要包括游戏法、练习法和操作法。

1. 游戏法

游戏法是指教师指导幼儿进行有规则的健康游戏活动的方法。游戏法通常有一定的情节和竞赛成分，内容、形式多种多样，能有效激发幼儿参与活动的兴趣，充分发挥幼儿的主动性、创造性和独立性，发展幼儿的智力和培养幼儿良好的品德，是幼儿较为喜欢的一种方法。

教师在运用游戏法时要注意：一是根据不同的教育目标和教育内容，选择或创编不同形式的游戏,以完成一定的教学任务;二是应重点指导幼儿遵守游戏的规则,完成既定的教学目标;三是根据不同的游戏内容和形式,选择不同的指导方法;四是在组织实施时应公平给予全体幼儿参与活动的机会,教师评定游戏结果要客观,及时纠正幼儿的不良行为。

2. 练习法

练习法是指教师帮助和引导幼儿多次练习,使其熟练掌握健康知识和技能的方法。

教师在运用练习法时要注意:一是明确练习的目的和要求;二是精选练习材料;三是选择正确的练习方法;四是适当分配练习的分量、次数和时间;五是了解练习的结果。

3. 操作法

操作法是指幼儿亲自动手操作教具、玩具,在摆弄物体的过程中进行探索,从而获得健康知识、经验和技能的方法。

教师在运用操作法时要注意:一是处理好幼儿的主体作用与教师的主导作用的关系;二是根据幼儿的年龄特点,巧妙地设计和选择教具,以便幼儿操作和发现;三是应给幼儿讨论和评价的机会;四是教师提问与指导要具有启发性和针对性。

随堂思考

某幼儿园中班教师设计了体育活动"机灵鼠小弟",主要活动目标是让幼儿学习弯腰半蹲走,锻炼运动的持久性,以及培养初步的规则意识。活动前,教师准备了幼儿小老鼠服装,纤维袋20个和不同高低的隧道2条。活动中,教师带领幼儿边念儿歌边做动作入场,共同玩游戏"机灵鼠小弟"。教师引导幼儿观察隧道,让幼儿自由选择过隧道的不同方式,还请个别幼儿表演过隧道的不同方法。最终,教师根据幼儿的表演引出弯腰半蹲走,并让幼儿集体鱼贯式尝试练习弯腰半蹲走。此外,教师还组织了"运粮食"游戏强化动作练习。

请分析:以上案例中,教师运用了哪种实践类教学方法?

总之,学前儿童健康教育的方法是多种多样的。教师在开展具体活动时,应综合运用多种方法,并根据幼儿的情况,活动的不同内容和组织形式,以及环境等条件的具体情况灵活运用。

参考答案

行动研修

一、名词解释

1. 健康教育
2. 学前儿童健康教育

二、简答题

1. 学前儿童健康教育对幼儿发展有哪些意义？
2. 学前儿童健康教育的内容如何选择？

三、实践题

1. 分析以下学前儿童健康教育活动目标设置是否合理，若是不合理应如何修改？

活动一：大班"多吃蔬菜身体棒"

① 在教师引导下，有目的地观察菠菜、胡萝卜、大蒜、番茄等蔬菜，知道蔬菜名称，了解其丰富营养；

② 通过亲自"烹饪"，激发幼儿爱劳动的兴趣，同时教育幼儿懂得多吃蔬菜身体好，养成爱吃蔬菜的好习惯。

活动二：小班"我感冒了"

① 了解简单的预防感冒知识；

② 学习擦鼻涕的正确方法；

③ 回忆感冒给自己带来的不愉快的感受，明白身体健康的重要性。

2. 分析小班健康教育活动"护牙小天使"运用了哪几种学前儿童健康教育的原则与方法。

小班健康教育活动"护牙小天使"

一、设计意图

通过前面几节课的学习，幼儿对医生这个职业已经有了一定的了解。那么，在这节课中，教师将会带他们认识自己的牙齿，还要学习牙齿的清洁，让幼儿从更科学的角度爱护牙齿，健康成长。幼儿在很小的时候，爸爸妈妈会帮助他们做很多事情，但是随着他们的成长，这些生活上的小事情就得自己去做啦，比如刷牙、穿衣服等。教师平时要有意地锻炼幼儿的自理能力，培养幼儿健康文明的生活习惯，慢慢地，他们就会很熟练地做这些事情了。这些看似简单的动作及健康文明的生活方式，对幼儿来说是很重要的。

二、活动目标

1. 了解刷牙的重要性，知道可以用牙签去除脏东西，可以通过刷牙来保护牙齿；
2. 练习使用牙刷，锻炼手部肌肉力量，培养动手操作能力；
3. 通过学习，体验健康成长从护牙开始，培养健康文明的生活习惯。

三、活动准备

手指颜料（棕色），笔刷，印刷品《护牙小天使》，棕色扭扭棒，面团，牙刷，牙膏，水杯，冰格。

四、活动过程

1. 导入

《鳄鱼怕怕、牙医怕怕》故事导入。

师：小朋友们，你们有牙齿吗？

师：牙齿可以用来做什么？

幼：可以吃饭、吃肉、吃菜。

师：那如果我们吃肉塞牙缝了怎么办？

幼：可以用牙签。

师：小朋友们说得很对。那我们怎么保护我们的牙齿呢？

2. 教师指导，幼儿操作

教师把面粉揉成面团，再把面团塞进冰格的缝隙里，并且涂上棕色颜料，当作牙齿上的食物残渣。

师：小朋友们，你们看，这是我们吃完食物过后附着在牙齿上面的一些食物残渣。这样的牙齿脏吗？

幼：脏，而且不舒服。

师：那我们该怎么办呢？怎样才能让牙齿变干净呢？

幼：刷牙。

师：是的，那我们先把牙齿缝里的食物残渣去掉，再刷牙。怎样把食物残渣弄出来呢？我们平时牙齿塞住了用的是什么呢？

幼：牙签。

师：嗯，那我们用扭扭棒来代替牙签，把牙齿缝里的食物残渣弄出来吧。

教师给每个幼儿一个粘上面团的牙齿冰格，请幼儿用扭扭棒戳。如果面团陷进去了，就提示幼儿换一个方向，把食物残渣弄出来。

师：小朋友们，现在食物残渣被去掉了，可是牙齿表面还很脏，所以我们现在要来刷牙。那刷牙之前我们需要准备些什么呢？

幼：牙刷牙膏，还有杯子。

教师把提前准备好的牙刷牙膏发给幼儿，鼓励幼儿自己给牙齿冰格刷牙。

3. 活动总结

师：牙齿对我们很重要，我们要做护牙小天使，保护好我们的牙齿，多吃健康食物，坚持早晚刷牙。

4. 活动延伸

请幼儿回家后和爸爸妈妈一起刷牙，和爸爸妈妈比一比看谁刷得更干净。

 课后学习指导

一、资料推荐

1. 中华人民共和国教育部.3～6岁儿童学习与发展指南[M].北京：首都师范大学出版社，2012.

2. 中华人民共和国教育部. 幼儿园教育指导纲要（试行）[M]. 北京：北京师范大学出版社，2001.
3. 幼教网：http：//www.youjiao.com/
4. 当代学前教育网：http：//www.ddxqjy.com/
5. 幼师OK网：https：//www.youshiok.com/

二、拓展阅读

幼儿健康技术与技能练习的方法

幼儿健康技术与技能的练习是根据完成活动目标的需要，通过身体和思维活动反复练习动作技术的方法，它是幼儿掌握健康技能，发展基本活动能力，以及锻炼身体、提高身体素质的基本方法，通常包括重复练习法、变换练习法、仿生练习法、比赛练习法和循环练习法等。

（一）重复练习法

重复练习法是教师根据活动任务的需要，在相对固定的条件下，不改变练习动作结构和练习条件，反复进行练习的方法。重复练习法是一种比较简便的方法，可以有效巩固、加深幼儿已建立的动作表象，但应根据活动特点和幼儿身心发展特点确定练习的重复次数，运用时注意练习条件的固定，突出活动的重点。

（二）变换练习法

变换练习法是教师根据活动任务的需要，在变换不同条件的情况下进行练习的方法。变化时可以增加活动难度，也可不增加难度只变化活动方式。变换练习法是适合幼儿年龄特点的一种方法，它可以有效激发幼儿参与活动的兴趣，巩固与发展幼儿动作和提高幼儿活动能力。运用时注意选择安排好变换的条件，一定要符合幼儿的能力和活动要求，并能引起幼儿兴趣，同时变化不宜太频繁。例如，原地向上纵跳练习，为提高幼儿下肢力量，可在一定高度设置一个物体并有所变化（各种颜色的铃铛或小球），这不仅能丰富幼儿的练习内容，激发幼儿的练习兴趣，而且能有效提高幼儿完成动作的质量。

（三）仿生练习法

仿生练习法是教师启发幼儿模仿动物运动形象进行练习的方法。仿生练习法符合幼儿具体形象思维、爱模仿的特点，能有效激发幼儿练习的积极性，发展幼儿的想象力和模仿能力，同时还可以提高幼儿的学习效率。运用仿生练习法时注意仿生练习的目的要明确。根据不同的活动内容，合理选择仿生动作；根据不同的气候，合理开展仿生练习；仿生的对象应是幼儿熟悉和感兴趣的。例如，小班幼儿练习双脚连续向前跳，可模仿小白兔、小袋鼠的动作；中班幼儿练习由高处向下跳，可模仿跳伞运动员、跳水运动员的动作；大班幼儿练习匍匐爬行，可模仿蛇、蜥蜴的动作等。

（四）比赛练习法

比赛练习法是教师在比赛时组织幼儿进行练习的方法。比赛练习法一般具有一定的竞争性，因此能够调动幼儿参加活动的积极性，挖掘幼儿的潜力，培养幼儿勇敢、坚毅、顽强的意志品质和团结合作的集体主义精神。运用比赛练习法时要注意根据活动目标、活动性质、幼儿特点和环境条件，合理选择比赛内容、方法与手段；一定以幼儿较熟练地掌握比赛所需动作为前提；分队或分组时，一定要考虑幼儿实力的均衡性。教师要引导幼儿不仅因个人或集体胜利而高兴，还应该关心和帮助其他人的进步。教师评判要认真、严格、公正、准确。

（五）循环练习法

循环练习法是教师根据活动的需要，选定若干个练习手段，设置若干个相应的练习站（点），幼儿按规定的顺序、路线和练习要求，逐站（点）依次循环练习的方法。它可采用流水式，也可采用分组轮换式。循环练习法内容多样，且不断变化，故易于激发幼儿活动的兴趣。同时，不同的活动内容可有效调动身体的各部位参与，使身体更多的部位得到锻炼。运用循环练习法时注意练习手段，练习站（点）的数量不宜超过3个，各练习手段及练习站（点）的内容安排要合理，针对身体的不同部位进行。整体循环次数不宜过多，一般2～3次为宜。

第二章

学前儿童健康教育活动设计与指导

内容导读

在党的二十大精神引领下,我们坚持为党育人、为国育才,力求全面提高学前教育专业自主培养质量,着力造就拔尖创新的学前教育人才。学前儿童健康教育活动设计与指导能够帮助学前教育教师在幼儿园健康教育执行中达到理想的教育实施效果,从而提升教师的知识认知和教育能力。本章主要介绍设计健康领域活动的基本方法,挖掘健康活动对促进幼儿身心健康发展的价值,从健康教育领域活动设计、健康教育主题活动设计、健康教育区域活动设计三大模块让学生感悟健康教育活动的设计策略,从而实现健康领域的教育实践。

 精彩回放

健康主题活动
中班健康主题活动"我会用筷子"……………………………………………………31
健康区域活动
中班健康区域活动"好饿的毛毛虫"…………………………………………………34

第一节 学前儿童健康教育领域活动

 **学习目标**

1. 明确学前儿童健康教育领域活动设计步骤；
2. 能够运用所学内容设计学前儿童健康教育领域活动；
3. 与同学交流分享自己设计的学前儿童健康教育领域活动。

一、学前儿童健康教育领域活动概念

学前儿童健康教育领域活动是指以保护和促进幼儿的健康为主要目标，以身体锻炼和身体保健的有关知识、技能为主要内容而实施的多种形式的教育活动。学前儿童健康教育领域活动主要从活动目标、活动准备、活动延伸等方面进行设计。

二、学前儿童健康教育领域活动设计步骤

进行学前儿童健康领域教育活动设计时，需要按确定活动目标、选择活动内容、明确活动重难点、做好活动准备、策划活动过程及设计活动延伸六个步骤展开设计。

（一）确定活动目标

每一个具体的教育活动在实施前一般都有确定的目标，即使是生成性的活动，教师心中也有设想好的目标。学前儿童健康教育活动目标一般包括认知、情感态度和能力三个维度。目标的表达要明确具体，操作性强，便于评价，避免目标过大，表达笼统，教师难以把握。目标表达不要用"教会""培养"等带有强迫幼儿学习意思的词语，可以多用"体会""感受""练习""引发""指导"等引导幼儿主动行为的词语。在确定具体活动目标时，要注意目标的全面性、可操作性、适宜性及表述的精练。

 案例分享

1. 小班健康活动"小脚的朋友"活动目标：
① 能结合实际生活说出脚的作用；
② 了解一些保护脚的方法；
③ 愿意参与集体游戏，从中体验游戏的快乐。

2. 中班健康活动"安全标志我知道"活动目标：
① 认识常见的安全标志，并能进行辨别；
② 尝试绘画设计安全标志，发展想象力、创造力及动手能力；
③ 愿意与人分享交流，增强自信心。

3. 大班健康活动"食物的旅行"活动目标：
① 简单了解各消化器官的功能和食物在人体内消化吸收的过程；
② 能说出食物消化顺序；

③养成良好的饮食和卫生习惯。

（二）选择活动内容

内容选择应以健康领域中的体育活动、安全活动、精细动作、生活习惯等为主线，呈放射状地整合语言、社会、艺术、科学等其他领域活动内容，使其成为完成主线目标的辅助内容，形成有目的性的综合教育活动内容。

（三）明确活动重难点

教学活动重点是教学活动的重要目标，难点是对幼儿学习过程中可能出现的困难的预测。换句话说，重点是针对目标和内容而言，难点是针对幼儿而言。找出重点是为了突出、强化，找出难点是为了帮助、克服。

案例分享

1. 小班健康活动"小脚的朋友"活动重难点：

重点：知道脚的作用，袜子和鞋子对脚有保护的作用。

难点：能将自己的想法清楚地表达出来。

2. 中班健康活动"安全标志我知道"活动重难点：

重点：了解一些常见的安全标志，增强自我保护意识。

难点：能根据自己的喜好设计安全标志，发展动手能力及想象力。

3. 大班健康活动"食物的旅行"活动重难点：

重点：懂得吃什么样的食物对消化系统有好处。

难点：理解消化系统的消化顺序。

（四）做好活动准备

教学活动准备包括活动过程中幼儿必需的知识经验、心理准备（经验准备）和教师教具准备（物质准备）等。

案例分享

1. 小班健康活动"小脚的朋友"活动准备：

物质准备：课件《小脚的朋友》。

经验准备：幼儿有穿袜子和鞋子的经验。

2. 中班健康活动"安全标志我知道"活动准备：

物质准备：多媒体课件、安全知识小故事，事先让幼儿收集的安全标志图，画纸、水彩笔、剪刀等工具材料。

经验准备：幼儿对安全标志有一定的认识，能说出简单的安全标志的意思。

3. 大班健康活动"食物的旅行"活动准备：

物质准备：《小豆子的旅行》故事图片及故事录音、课件、健康知识卡片、消化图、自制健康行为棋。

经验准备：幼儿了解生活中的常见食物。

（五）策划活动过程

活动过程是完成教学目标的载体，它是由一个个环节构成的，每个环节应紧紧围绕教学目标进行设计。活动过程设计流程包括开始部分、基本部分和结束部分。

1. 开始部分

开始部分以引发幼儿活动兴趣为主，可用提问、讲故事、情境表演、参观等形式引出活动内容。这一部分主要是集中幼儿的注意力，根据活动内容设计导入，激发幼儿参与教育活动的兴趣，所占时长约为总体活动时间的10%。

2. 基本部分

基本部分是综合活动内容的再现，这部分设计一定是两个或两个以上领域的活动内容，内容之间相互关联，而非形式上的拼凑。这一部分主要是引导幼儿学习新的活动内容，发展幼儿的能力，通过多种途径促进幼儿各方面能力的发展，所占时长约为总体活动时间的80%。

3. 结束部分

结束部分是活动的结尾，可用教师与幼儿活动后的收获做小结，也可以用布置下次活动内容或收集下次活动材料等形式结束活动。教师根据活动内容及幼儿参与健康活动的表现合理小结，给予幼儿具体的评价，让幼儿认识到自己的重要性，同时还可以根据活动内容进行适当的活动延伸，所占时长约为总体活动时间的10%。

 案例分享

中班健康活动"安全标志知多少"活动过程：

开始部分：

（一）视频导入

教师引导幼儿观看视频资料，让幼儿寻找故事中的主人公遇到危险的原因，引导幼儿认识常见的安全标志及其意思。提示幼儿在日常生活中应该按照交通标志来过马路。

基本部分：

（二）幼儿讨论

1. 巩固以前学的安全标志知识
2. 生活中安全标志的用途

师：我们生活中为什么有这么多安全标志？它们对我们有什么用途？小朋友们想一想，如果没有这些安全标志行不行？为什么？

小结：每个交通标志都有它的用途，告诉我们要遵守规则。我们按照安全标志，才能既方便自己又不影响别人。如果没有这些安全标志，爸爸妈妈都不能正常地上班，我们的小朋友也不能正常地来幼儿园。

3. 幼儿讨论没有安全标志的危害

师：请小朋友们想一想、说一说，如果没有这些安全标志会给我们带来什么危害？

小结：每个人都生活在集体中，作为社会中的人，一定要按安全标志的要求行动，才能既方便自己又不影响集体。如果不这样，就会出现很多问题，人们的工作、生活、学习就不能正常进行。

（三）设计安全标志

1. 带领幼儿观察幼儿园的环境中需要悬挂安全标志的位置

师：请小朋友们尝试动手设计和制作，让安全标志告诉我们在什么地方做什么事情，应该怎样做。

2. 介绍标志

师：请小朋友们介绍自己设计、制作的安全标志的内容和作用，并用简练的语言讲给大家听。

结束部分：

（四）展示幼儿设计的安全标志

幼儿将自己设计制作的安全标志悬挂在幼儿园的相应位置，并继续探索相关的安全标志，尝试理解安全标志的含义。

（六）设计活动延伸

好的教育活动不是止于特定的某一次活动，而是一个长期、持续的教育过程，特别注重能力、习惯的培养。延伸活动的形式可以是家园共育、领域渗透、环境创设、区角活动等。

案例分享

1. 小班健康活动"小脚的朋友"活动延伸：

教师带幼儿到沙池、草地、石子路，体验赤足走的乐趣；幼儿在生活区练习拼摆鞋样，并给小脚找鞋。

2. 中班健康活动"安全标志我知道"活动延伸：

幼儿在美工区继续设计自己感兴趣的安全标志，并带回家与父母分享。

3. 大班健康活动"食物的旅行"活动延伸：

幼儿在益智区玩健康行为棋（棋谱上都是一些生活习惯方面的内容），由教师介绍棋的玩法和规则，幼儿自由组合下棋。

第二节　学前儿童健康教育主题活动

 学习目标

1. 能够阐述学前儿童健康教育主题活动的概念；
2. 能够列举学前儿童健康教育主题活动设计的步骤；
3. 能够根据学前儿童健康教育主题活动的设计步骤和方法，设计健康主题活动。

一、学前儿童健康教育主题活动概念

主题是教育教学活动中的中心议题，在课程内容的组织中，主题能使不同内容共同指向核心问题——中心议题。也就是说，主题活动是在一段时间内围绕一个中心议题（主题）来组织的教育教学活动。设计健康教育主题活动应依据设计原则，遵循设计思考对主题活动设计与实践目的的认知与阐述，将知识导学部分内容作为设计主题活动的重要依据认真研读，提升科学地设计健康教育主题活动方案的能力。

二、学前儿童健康教育主题活动设计步骤

进行学前儿童健康教育主题活动设计时，需要按确定活动对象、选择活动内容、进行活动前准备、设计主题活动四个步骤进行。

（一）确定活动对象

健康教育主题活动设计对象为3～4岁、4～5岁、5～6岁的幼儿。

（二）选择活动内容

健康教育主题活动内容通常以幼儿为中心来挖掘相适宜的主题。就健康教育而言，幼儿本身包括身体和心理两个方面：幼儿的身体主要指幼儿的身体特征与功能，身体发展与变化，身体健康、安全与保护等；幼儿的心理指幼儿的兴趣、爱好、情绪、情感、性格、能力等。健康教育主题活动可设计的主题有"男孩女孩""健康的牙齿""长大的我""高兴了、生气了""小脚与鞋子"等。

（三）进行活动前准备

健康教育主题活动前准备主要在于掌握各年龄班开展主题活动的侧重点，具体情况如下：小班主题所探讨的内容恰好是幼儿自己生活中的事，如"小脚与鞋子""男孩女孩"等；中班主题所探讨的内容要贴近幼儿的生活，如"长大的我""高兴了、生气了"等；大班主题所探讨的内容应时时关注幼儿感兴趣的事物、现象，以此为主题开发与选择主要活动内容，如"健康的牙齿"等。

（四）设计主题活动

1. 主题设计缘由

主题设计缘由是主题设计的开端，是对主题形成的认识和整理。主题设计缘由包括以下三个方面。

（1）主题的来源：主题源于现有课程体系，或源于幼儿的兴趣，或源于班级中现有的"内容""材料"等；

（2）主题内容：就是怎么进行这个主题，主题所包含的内容有哪些；

（3）主题价值：明确主题的价值是什么，通过此主题幼儿可获得哪些经验。

案例分享

大班健康主题活动"心理健康"设计缘由：

班上的孩子经常会因为一点小事就争吵不断，有的孩子会经常向别人告状，有的孩

子会因为一件小事乱发脾气。这些表现不利于幼儿的学习和生活，不利于幼儿的身心健康。因此，需要设计有关心理健康的主题活动，培养幼儿积极健康的情绪，引导其建立积极和谐的人际关系，树立健全的人格，促进身心健康和谐发展。

2. 确定主题活动目标

这里所说的目标是本主题活动的总体目标，应当是在《指南》确定的各年龄段教育目标和学期目标之下的月、周教育目标。主题活动目标应具有较强的可操作性和相对独立性。主题活动目标主要具有以下特点：

（1）具有鲜明的主题特征，主题活动目标应以主题为线索和载体，把教育要求和内容穿插其中；

（2）能够体现整合性，即五大领域内容的有机整合；

（3）符合本年龄段幼儿的特征，活动内容的深度和广度与幼儿的知识经验和能力相符合；

（4）目标不要太多太细，要宏观概括，一般不超过10条目标。

案例分享

1. 小班健康主题活动"小脚和鞋子"主题目标：

① 主动探索环境中大与小的脚，获得最大或最小的概念，能估测数量的多与少，喜欢参与数学活动；

② 学习用生活中的各种方法进行测量，了解脚与鞋的关系；

③ 喜欢聆听故事，大胆讲述自己的想法，能够看到自己的长处和优点，并因此萌发出乐观和自信的情感态度；

④ 感受音乐旋律的快慢、强弱力度，尝试用大小声音、乐器演奏歌曲，用大小动作来表现歌曲内容；

⑤ 学习正确握笔、涂色、印画等技能，体验用不同材料、大小纸张制作拖鞋的乐趣；

⑥ 积极参加体能游戏，并按照规则参与活动；

⑦ 愿意与成人一起参与主题环境的创设，与同伴分享、交流，有初步的合作意识。

2. 中班健康主题活动"良好习惯"主题目标：

① 学习使用筷子，尝试用筷子进行各种活动，体验活动带来的乐趣；

② 了解擤鼻涕的正确方法，知道打喷嚏、咳嗽不对人，养成良好的卫生习惯；

③ 懂得饭后漱口、早晚刷牙能保护牙齿，初步掌握正确的刷牙方法；

④ 学习做值日生，了解值日生有哪些工作，体验帮助别人的快乐；

⑤ 懂得人们需要安静的生活、工作和学习环境，人们应自觉控制自己的行为，不做干扰他人的事情。

3. 大班健康主题活动"我运动，我快乐"主题目标：

① 喜欢参加各种形式的体育活动，提高身体素质和运动能力；

② 通过体验、讨论制定比赛规则，能自觉遵守各赛区的竞赛规则，会轮流等待与合作；

③ 了解一些常见的运动项目，体验做运动员的欢乐和自豪；

④ 发展走、跑、钻、爬等基本动作，使动作协调灵敏；

⑤ 具有抗挫折能力、良好的心态及自我保护意识。

3. 设计主题网络

主题网络是主题的框架结构，从网络就可以看出整个主题的脉络、走向，看出整个主题涵盖的内容。主题网络是将与主题有关的知识经验或概念，经过归纳整理后建立起某种关系和联系，以网络的形式将这种关系和联系直观形象地呈现出来。

一般情况下，网络图分一级主题、二级主题和三级主题，也有细化至四级主题的。随着主题的层层打开实现整个主题。下一级主题必须是上一级主题的具体化，或者必须由上一级主题衍生出来，并且下一级主题必须能够支撑上一级主题。

需要注意的是网络图分为预设和生成两部分，预设用实线、实框，框内写文字，同时每个主题还要留出生成的内容空间，用虚线、虚框表示。不仅二级主题留虚框，三级主题也要留出生成内容框，以便主题活动追随幼儿的兴趣，不断生成、发展新的活动理念。

案例分享

大班健康主题活动"奇妙的种子"的主题网络如图2-1所示。

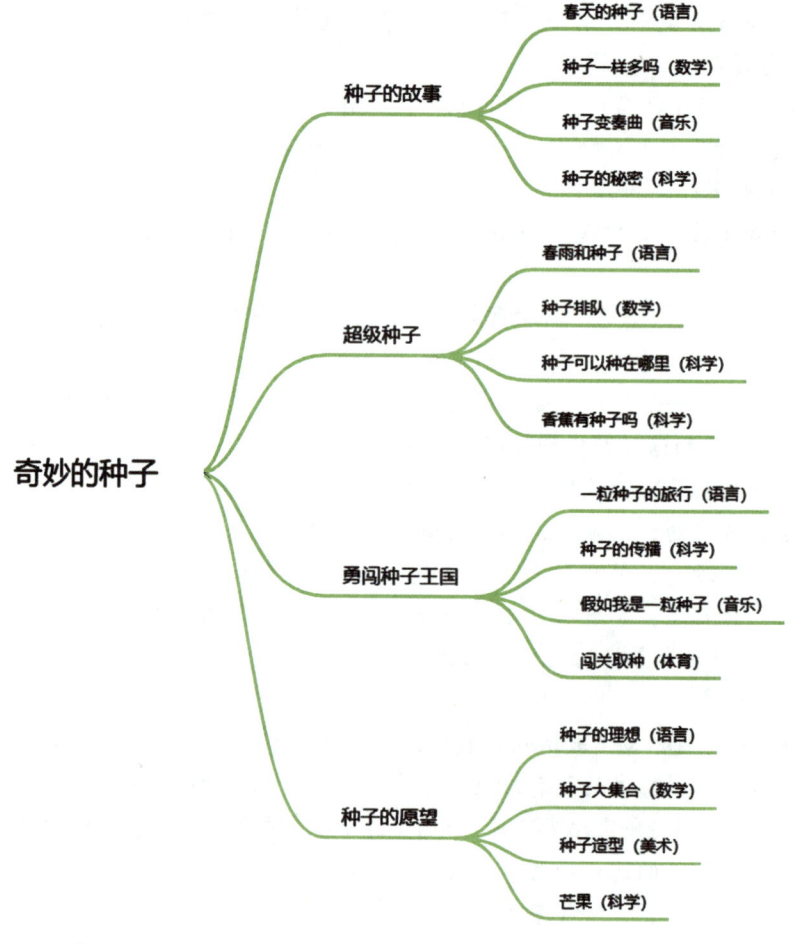

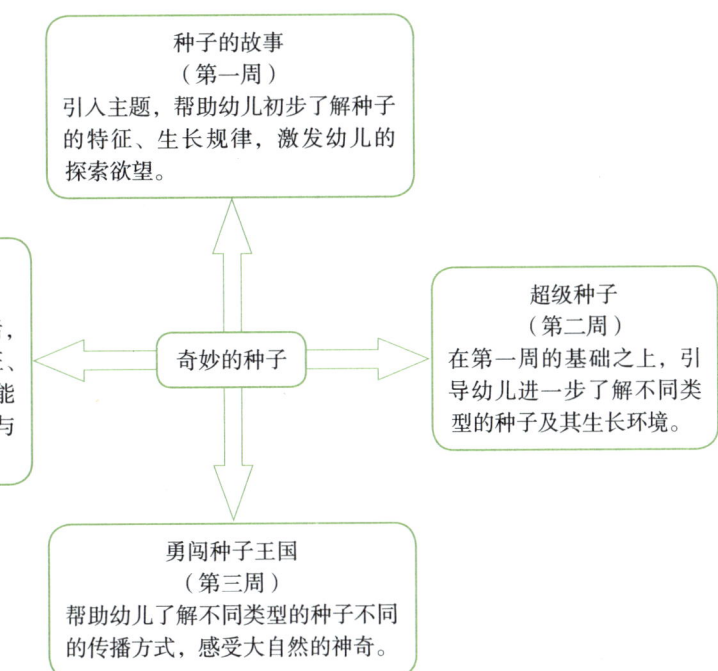

图2-1 主题活动"奇妙的种子"主题网络

4. 具体教育活动设计

具体的活动设计参照单一领域活动设计,其设计流程和单一活动设计类似。

第三节 学前儿童健康教育区域活动

学习目标

1. 能够区分不同健康区域活动设计的要点,选择适宜的健康区域活动内容;
2. 能够根据不同的健康区域设计适宜幼儿的活动方案;
3. 对健康区域活动设计感兴趣,能够与同伴分享设计心得与感受。

一、学前儿童健康教育区域活动概念

区域活动是指在一定的时间内设置各种活动区,让幼儿按自己的兴趣和意愿选择活动内容和方式,利用活动室、睡眠室、走廊、门厅及室外场地,提供并投放相应的设施和材料,为幼儿创设分区活动的场所。健康教育区域活动是一种较为特殊的幼儿园户外

活动组织形式,是借助幼儿园场地、器材设置奔跑区、钻爬区、平衡区、投掷区、跳跃区、球类区、综合活动区等区域以组织活动,它是幼儿园基本体育活动形式的补充。

二、学前儿童健康教育区域活动设计步骤

进行学前儿童健康教育区域活动设计时,需要按照确定活动对象、选择活动内容、进行活动准备、确定活动目标以及设计活动过程五个步骤进行。

(一)确定活动对象

健康教育区域活动设计对象为3~4岁、4~5岁、5~6岁的幼儿。

(二)选择活动内容

内容选择应以健康领域中的体育活动、安全活动、精细动作等活动为主线,着重关注幼儿身体发育和肢体发展,形成有目的性的区域活动内容。

(三)进行活动准备

1. 环境准备

开展户外区域活动之前,教师要对场地进行全面规划:准备开设哪些区,哪个区设置什么样的体育活动内容,什么样的活动内容需要什么样的空间,以及活动对周围的环境有哪些要求等,都要细心安排和考虑。根据体育活动技能要求和活动材料的性质,可以对活动场地进行整体划分。例如,可分为跳跃区、平衡区、投掷区、球类区、钻爬区、综合活动区等,保证幼儿进行各种自主体育活动时有足够的空间。

案例分享

投掷区:投掷区可借助幼儿园大型玩具器械以及幼儿园大门进行巧妙设置,将投掷物悬挂在大型器械上,发展幼儿掷远、掷准、向上抛接等动作。通过不同的游戏内容,锻炼幼儿的上肢力量和手眼协调能力。

跳跃区:跳跃区应选择操场上较为开阔的位置,利用不同高矮、不同宽窄的障碍,锻炼幼儿双脚连续跳、单脚跳、跨跳、跳箱等腿部跳跃动作。区域内应设置多样的游戏内容,鼓励幼儿进行不同难度的挑战。

2. 材料准备

(1)根据幼儿的心理特点投放材料。幼儿的好奇、好动使得颜色鲜艳、样式新颖的材料或器械有巨大的吸引力,他们会争抢去玩一玩、试一试,如彩色的小跨栏、动物造型套圈等都会吸引幼儿的注意力。

(2)根据不同的区域活动特点投放活动材料。如:

① 跳跃区:跨栏、跳圈;

② 钻爬区:钻爬用的垫子、拱形门、桌、椅、挂铃铛的绳子下、气球组成的圈、爬网、攀岩等不同的器械,可以练习不同的钻爬;

③ 投掷区:飞盘、沙包;

④ 平衡区:独木桥、跷跷板、半月摇、高跷、平衡木、梅花桩等;

⑤球类区：各种球、高低不同的篮筐等；

⑥自由活动区：绳、球、口袋。

（3）自制活动器材。自制活动器材是因地制宜、就地取材自制体育游戏器材。可以将一种材料制成多种类型的游戏器械，如易拉罐可制成高跷、梅花桩、滚滚球、保龄球、响罐等。还可以用多种材料制成一种游戏器械，如投掷物可用报纸团成纸球，用布缝成布球、沙袋等。

3. 规则准备

建立体育区域中的活动规则非常重要，它是幼儿有效进行区域活动的保证。体育区域规则一般可以包括以下三个方面。

（1）进区人数。一般进区人数要加以控制，幼儿园中控制进区人数往往是借助进区卡来完成的。进区卡是指教师自制的进区标志，如规则区域只能进入5名幼儿，就制作5个标志牌，幼儿只有戴上进区卡才能进区活动，没有标志的幼儿就不能进入此区活动。

（2）轻拿轻放，不破坏操作材料。要求幼儿游戏时不抢操作材料，当操作材料不够时，请幼儿学会轮流操作与排队等候。

（3）用完的物品归还原处。

在遵循上述规则的前提下，教师可根据幼儿的年龄特点自行安排活动，而一个安静、宽松、自由和谐的环境，会使幼儿更充分地游戏和交往。

（四）确定活动目标

健康教育区域活动目标是幼儿阶段发展的总体目标，和具体的集体教育活动目标有区别。集体教育活动目标要求具体、可操作、可控制，而区域活动目标是笼统的、全面的。由于幼儿是自主活动的，可选择的区域活动多而杂，因此每次活动目标不会聚焦到一个点上。目标要求不是在一次活动过程中能够达成的，如跳绳，幼儿可能要经过数十次的练习才能达到会跳绳的技能目标。尽管如此，教师在每次活动前也要心中有目标，将目标隐含在规定开放的区域和所操作的材料当中，这样所组织的活动才能既符合幼儿年龄特点，又能达到体育锻炼的目的。

 案例分享

1. 小班钻爬区活动目标：

①练习手膝着地向前爬的动作，手脚较协调；

②能有序地爬过山洞，不推挤；

③喜欢参加集体游戏，从中体验到快乐。

2. 中班投掷区活动目标：

①练习自抛自接球，提高手眼协调能力以及上肢动作的灵活性；

②在游戏中初步感受抛接球的动作，探索接住空中球的方法；

③体验抛接球游戏的快乐。

3. 大班钻爬区活动目标：

①能根据不同障碍选择合适的动作，提高身体的控制力与柔韧度；

②积极探索通过不同高度、不同组合方式的"红外线"的方法，练习跨、钻、爬等动作；

③愿意接受有难度的任务，会用轮流等待等方法与同伴游戏。

（五）设计活动过程

健康区域活动流程有别于集体教育活动，不是由一个个环节构成，而是由开始、基本、结束三部分组成。

1. 开始部分

开始部分是教师带领幼儿进入场地做活动前的准备运动，如小跑、音乐律动、体操等。教师带领幼儿做完准备活动后，再请幼儿自由选择区域，教师讲清楚每个区域的进区人数和活动时的安全要求，保证幼儿在活动过程中的安全，减少幼儿的等待时间。

2. 基本部分

基本部分是幼儿自主选择活动区域后，进入到游戏区域中活动的过程。教师应根据幼儿的年龄特点及运动状况进行适当指导。小班幼儿运动能力和社会交往能力弱，但模仿能力强，教师在幼儿游戏过程中要给予更多身体上的关心和照顾；中班幼儿运动能力及交往能力较之小班有很大的进步，游戏中常常会有很多有创意的玩法，教师只需要鼓励和帮助幼儿树立信心即可；大班幼儿的独立性强，在各种游戏活动中会显得特别活跃，非常容易出汗，教师要合理地控制运动量和活动时间。

3. 结束部分

结束部分是教师通过整理体育器械或慢节奏的游戏逐渐降低幼儿活动量，让其由激烈运动逐渐安静下来。

扫码学习：
中班健康区域活动"好饿的毛毛虫"

参考答案

行动研修

一、名词解释

学前儿童健康教育领域活动

二、简答题

1. 学前儿童健康教育领域活动设计步骤包括哪些？
2. 学前儿童健康教育主题活动设计步骤包括哪些？

三、实践题

1. 自选活动主题，设计一个幼儿园大班健康领域活动方案，要求活动环节体现设计意图、活动目标、活动过程。
2. 以"身体健康"为主题设计一个幼儿园健康主题活动方案，要求设计主题网络图，体现活动环节、主题活动的目标等。

课后学习指导

优秀学前儿童健康教育领域活动设计案例赏析

小班健康活动"小脚的朋友"

一、活动目标

1. 能够联系生活经验大胆说出小脚的作用；
2. 掌握保护小脚的基本方法；
3. 愿意和小脚一起玩游戏，从中体验游戏的快乐。

二、活动准备

1. 物质准备：课件《小脚的朋友》；
2. 经验准备：幼儿有穿袜子和鞋子的经验。

三、活动重难点

重点：知道袜子、鞋子能保护自己的脚。

难点：体会保护小脚的重要性。

四、活动过程

（一）谈话导入

师：我们小朋友都有好朋友，说说你的好朋友是谁？（幼儿自由回答）我们的小脚也有好朋友，你们猜猜看，小脚的好朋友是谁？咱们一起来看看小脚的好朋友是谁，猜猜它对小脚有什么帮助。

（二）出示课件

师：小脚的朋友是谁？为什么说鞋子和袜子是小脚的朋友？小脚没有了它的朋友后发生了什么事？

（三）我们的小脚

师：我们的小脚在哪里？（认识脚面、脚跟、脚背。）

师：数数有几个脚指头？在脚底轻轻挠一挠，会有什么感觉？赤脚分别在地板上、地垫上、插片上走走，说一说有什么感觉？

师：说一说我们的小脚会干什么？（小脚能走路、跳、去做游戏、到公园里。）

师：小脚这么重要，我们平时怎么样来保护我们的小脚呢？（穿好鞋子袜子，不能光着小脚走路。穿合适的鞋子，不穿硬皮鞋。每天晚上洗脚，常剪脚指甲。）

（四）小脚找朋友

1. 幼儿一边唱儿歌一边把袜子穿上；
2. 幼儿用手捂住眼睛，老师将鞋打乱；
3. 师：小朋友快快把自己的鞋宝宝找出来，然后摆成两个好朋友；
4. 幼儿一边唱儿歌一边自己穿鞋。

五、活动延伸

1. 幼儿在区角里练习拼摆鞋样，并给小脚找鞋；
2. 带幼儿到沙池、草地、石子路，体验赤足走的乐趣；
3. 幼儿学习认识袜底，学会正确穿袜子。

附：故事《小脚的朋友》

小脚有两个朋友——鞋子和袜子。这两个好朋友每天把小脚包裹得很严实，不让它受伤。有一天，小脚觉得鞋子和袜子总是把自己裹得紧紧的，不想要这两个朋友了。它趁鞋子、袜子睡着的时候，偷偷地溜到大马路上来玩。"阿嚏、阿嚏！"好冷啊！没有鞋子和袜子，小脚连着打了好几个喷嚏。一不留神，小脚还被地上的小石子扎疼了。

儿歌：《穿袜子》

缩脖子（拿住袜筒两侧），

钻洞子（穿进袜尖），

拉鼻子（拉袜筒），

穿袜子。

学前儿童身体生长教育

内容导读

《纲要》中明确指出:"幼儿园必须把保护幼儿的生命和促进幼儿的健康放在工作的首位。"然而,健康教育质量应该达到何种程度,仍是目前幼儿教育界探讨和研究的焦点。作为幼儿园健康教育主要内容之一的身体生长教育,其实施与幼儿的健康成长紧密相关,切合幼儿园健康教育领域中"保护幼儿身心健康"的首要目标。同时,此类教学活动的开展,一定程度上也反映了整个幼儿园健康教育科学含量的高低。本章主要围绕学前儿童身体生长教育概念及价值、学前儿童身体生长教育的基本内容、学前儿童身体生长教育活动的设计与指导三方面展开,帮助学生形成科学的学前儿童身体生长教育意识,为其开展学前儿童身体生长教育奠定基础。

精彩回放

身体认识与保护教育
1. 小班健康活动"医院体检我不怕,我的身体顶呱呱"
2. 中班健康活动"怎样保护皮肤"
3. 大班健康活动"我的骨骼" ······ 44

疾病认识与配合治疗教育
1. 小班健康活动"胖胖熊感冒"
2. 中班健康活动"'手足口',快走开"
3. 大班健康活动"预防传染病" ······ 46

身体生长主题活动
中班月主题活动"五官保健" ······ 49

第一节　学前儿童身体生长教育概述

学习目标

1. 能够阐述学前儿童身体生长以及学前儿童身体生长教育的概念；
2. 了解学前儿童身体生长教育的价值，领会学前儿童身体生长教育的重要性；
3. 形成学前儿童身体生长教育意识。

一、学前儿童身体生长教育的概念

（一）学前儿童身体生长

学前儿童身体生长主要指幼儿身体形态结构的变化和身体各系统发展。身体形态结构的变化主要是指身体形态的发育，包括体重、身长（身高）、坐高（顶臀长）、头围、胸围等。身体各系统的发展对幼儿的健康成长至关重要，不仅影响各器官的功能，还会影响机体的新陈代谢。

（二）学前儿童身体生长教育

每一个幼儿都无时无刻不在与自己的身体打交道，但这并不代表幼儿对身体有充分的认识。学前儿童身体生长教育是以保护和促进幼儿身体的正常生长发育，促进幼儿健康，培养幼儿初步的健康意识和自我保健能力为目的的教育，使幼儿能够关注并爱护自己的身体，健康成长。学前儿童身体生长教育可分为身体认识与保护教育以及疾病认识与配合治疗教育。其中，身体认识与保护教育并不要求幼儿做到对身体各系统的了解，幼儿能够做到初步认识并保护身体各部位即可，主要包括对骨骼、鼻子、咽喉、耳朵、眼睛、牙齿、皮肤等的认识与保护。

二、学前儿童身体生长教育的价值

对于任何个体而言，身体健康是所有生命活动良好进行的基础。幼儿离开家庭进入幼儿园，意味着幼儿园必须担负幼儿身体健康教育的职责。学前儿童身体生长教育是对幼儿进行一切身体健康教育的前提。

（一）认识自身身体生长对自身健康有重大意义

通过学前儿童身体生长教育，幼儿可以认识自己身体的骨骼特点、五官、皮肤等器官的作用，感受身体的健康美。身体美的重要前提是身体健康，身体不健康包括龋齿、眼疾、发育不良、肢体残缺等疾患的出现，这些疾患带来的不适感会激发幼儿向往健康的愿望。幼儿的亲身感受和生长体验可以激发其探索身体奥秘的兴趣，从而使其关心身体、爱护身体。

（二）认识身体生长能够促进幼儿的认知发展

学前儿童身体生长教育的目的是使幼儿能够正确认识自己的身体，能够逐步理解身体生长发育直到功能逐渐衰退的自然规律。例如，通过有趣的图解让幼儿了解龋齿产生的过程，让幼儿了解保护牙齿的知识，自觉增强牙齿保护意识。加深幼儿对疾病痛苦的记忆，能够诱导他们珍惜健康。在幼儿自身患病或看到他人患病时及时进行教育，能够加深幼儿对常见疾病痛苦的认识，比如流鼻涕、咽喉肿胀进食困难、四肢酸痛活动受限等，从而引导幼儿增强健康意识，珍惜健康。

第二节　学前儿童身体生长教育的基本内容

学习目标

1. 清楚学前儿童身体生长的特点；
2. 熟知学前儿童身体生长教育的内容；
3. 能够正确依据学前儿童身体生长特点选择教育内容。

一、学前儿童身体生长的特点

（一）骨骼

人体骨骼对身体有支撑作用，可以保护人体的内脏器官，储存钙、磷等身体需要的矿物质，当体内这类养分不足时能及时进行补充。幼儿骨骼的特点包括以下三点。

1. 骨膜比较厚

幼儿的骨膜比较厚，血管丰富，这对骨骼的生长及再生起重要作用。当幼儿的骨骼受损伤时，因血液供应丰富，新陈代谢旺盛，愈合较成人更快。

2. 全是红骨髓

幼儿5岁前的骨髓全是红骨髓，造血功能强，有利于全身的生长发育。5～7岁时，脂肪细胞开始增生。

3. 有机物多、无机盐少，骨化未完成

幼儿骨骼含有机物比成人多，无机盐比成人少，故骨骼弹性大，可塑性强，容易变形。一旦发生骨折，常会出现折而不断的现象，被称为"青枝骨折"。

（二）鼻子

鼻子是重要的呼吸器官，是呼吸道的起始部分，它能够对外界空气进行加温、湿润和过滤，也是嗅觉器官。幼儿鼻子发育的特点包括以下两点。

1. 鼻和鼻腔相对短小

幼儿头面部发育不完全，鼻和鼻腔相对短小，新生儿几乎无下鼻道。随着面部颅骨、上颌骨的发育，鼻道逐渐加长、增宽，直至4岁左右才完全形成。婴儿时期缺少鼻毛，鼻黏膜柔嫩，血管组织丰富，感染疾病时鼻黏膜充血、肿胀，常使鼻腔更加狭窄，甚至闭塞，引起呼吸困难。另外，婴儿时期鼻黏膜下层缺乏海绵组织，随年龄增长逐渐发育，到性成熟期最为发达，故幼儿很少发生鼻衄，六七岁以后鼻出血才较为多见。

2. 鼻窦尚未发育完全

幼儿鼻窦尚未发育完全，随着年龄的增长，面骨和上颌骨逐渐发育，鼻窦才逐渐发育完善。因此，幼儿虽然容易发生上呼吸道感染，但极少出现鼻窦炎。幼儿感染疾病时很容易引起鼻黏膜的充血、肿胀、流涕，造成鼻腔闭塞而张口呼吸。幼儿不宜用口呼吸，否则容易引起鼻炎、扁桃体炎。幼儿的鼻泪管较短，开口于眼内眦，瓣膜发育不全，因此，如果上呼吸道感染，病菌可以通过鼻泪管侵及眼结膜，引起眼结膜炎症。

（三）咽喉

咽是一条前后略扁的漏斗形肌性管道，由黏膜和咽肌组成。咽自上而下分为鼻咽部、口咽部和喉咽部。咽下端和喉及食管相连，是呼吸道和消化道的共同通道。喉是呼吸气体的通道，也是发音器官。喉由软骨、韧带、肌肉及黏膜组成。幼儿咽喉发育的特点包括以下三点。

1. 咽鼓呈水平位

幼儿的咽鼓管宽、直、短，呈水平位，故上呼吸道感染容易侵及中耳，并发中耳炎，损伤听力。

2. 喉软骨柔软

幼儿喉软骨柔软，喉部黏膜下组织较疏松，血管及淋巴组织丰富，又由于喉腔、声门较狭小，容易引起喉部肿胀、喉头狭窄，甚至呼吸困难。

3. 声带短而薄

幼儿声带短而薄，不够坚韧，所以幼儿声调比成人高。但由于幼儿的声门肌肉容易疲劳，故发音时间不宜过长，并且要注意发音方法。幼儿的喉炎通常是急症，发炎肿胀会导致呼吸困难、咽喉肿痛，所以急性喉炎不能拖延时间，应立即送去医院诊治。

（四）耳朵

耳是听觉器官，由外耳、中耳、内耳三部分组成，具有听觉和位觉两种功能。幼儿耳朵发育的特点包括以下四点。

1. 外耳道壁骨化未完成

幼儿的耳朵处于发育过程中，5岁前外耳道壁还未完全骨化和愈合，因此一旦感染病菌，容易扩散到附近的组织与器官，直到10岁外耳道壁才骨化完成，12岁听觉器官才发育完全。幼儿外耳道皮下组织少，感觉神经末梢丰富，皮肤与骨膜相贴甚紧，外耳道炎性肿胀会引起剧痛。

2. 咽鼓管短、粗，倾斜度小

幼儿的咽鼓管比成人的短、粗，位置水平，倾斜度较小，所以咽、喉和鼻腔感染时，容易引起中耳炎。

3. 脑膜血管与鼓膜血管相连

幼儿的脑膜血管与鼓膜血管相连，会由此感染脑膜炎或其他脑疾病。

4. 耳蜗的感受性较强

幼儿基膜纤维的感受能力较成人强，所以听觉比成人敏锐。

（五）眼睛

眼睛是视觉的光感受器，它的主体部分是眼球，附属结构有眼肌、眼睑、睫毛和泪腺等。眼球包括眼球壁和眼内容物。其中眼球壁分为三层：前膜（前1/6角膜，后5/6巩膜）、中膜（虹膜、瞳孔、脉络膜）和后膜（视网膜）。眼内容物包括房水、晶状体、玻璃体。眼睛具有感受光、颜色的刺激，产生视觉冲动，折光、成像等功能。幼儿眼睛发育的特点包括以下两点。

1. 眼球较小，眼轴长度相对较短

幼儿的眼球前后轴较短，呈生理性远视。随着年龄的增长，眼轴长度逐渐增加，1～3岁眼球前后轴增加5毫米，发育较快；3岁以后每年大约增加0.1毫米，发育缓慢；14～16岁时平均眼轴长度为23.5～24毫米，平均眼轴长度始终是男大于女。同时，随着眼轴变长，幼儿会变远视为正常。

2. 眼球晶状体的弹性较大，调节范围很广

幼儿晶状体的弹性好，具有很强的调节能力，所以他们能看清很近的物体。但较长时间看近距离的物体会使睫状肌过度紧张而疲劳，引发近视。幼儿的近点距离（使用最大调节时能看清最近一点的字体或其他细小对象物的眼物距离）很近，如果习惯于过近距离地读写学习，则会使眼经常处于高度调节的紧张状态，以致晶状体凸度增大、屈折力过强而发生假性近视（又称功能性近视或调节性近视）。如果这种紧张状态持续下去，会影响眼内部组织代谢的正常进行，使眼球壁弹性降低，加之眼肌的压迫和眼内压的变化等使眼轴变长，形成真性近视（又称轴性近视）。

（六）牙齿

1. 乳牙

婴儿在吃奶期间开始长出的牙被称为乳牙。乳牙不仅是咀嚼的工具，而且与促进颌骨的发育和诱导恒牙的萌出有密切关系，有助于面容和谐自然和发音正常。幼儿乳牙牙釉质较薄，牙本质较软脆，牙髓腔较大，在产酸细菌的作用下，比成人更容易患龋齿。幼儿正处在恒牙乳牙交换的时期，乳牙的好坏直接影响恒牙的健康，因此，引导幼儿掌握保护牙齿、预防龋齿的方法，帮助幼儿初步形成关注牙齿健康的意识和保护牙齿的好习惯是学前儿童身体生长教育中重要的一环。

2. 龋齿

龋齿发病率极高，具有进行性发展的特点，是造成牙齿疼痛、丧失咀嚼功能的主要疾病。龋齿也是幼儿高发的一种疾病，会影响咀嚼，加重胃负担，引起消化不良；病菌还可能从患处侵入体内，引起心脏、肾脏、关节等多处疾病；还可能影响换牙的正常进行，造成恒牙晚出或者错位萌出。

3. 换牙

幼儿从6～7岁下颌中切牙开始摇动，直到12～13岁乳牙全部脱落，恒牙替换完毕。换牙过程中可能出现乳牙滞留、乳牙早失、恒牙萌出困难、牙齿错位咬合、双层牙、六龄齿龋坏等问题。

（七）皮肤

皮肤覆盖人体体表，能保护机体免受外界环境的直接刺激，能感知冷热、触、痛、压、痒、软硬、光滑粗糙等，还能抑制和杀死细菌，能排出体内的废物。幼儿皮肤发育的特点包括以下三点。

1. 保护功能较差

幼儿皮肤细嫩，表皮角质层较薄。表皮与真皮之间的基底膜发育不全，故表皮与真皮的联系松弛，表皮较易脱落，真皮的结缔组织和弹性纤维发育差。随着年龄的增长，表皮和真皮的发育才逐渐完善。因此，幼儿皮肤的保护功能较差，对外界冲击、紫外线辐射、细菌侵蚀等的抵抗力远不及成人，易受损伤和感染。

2. 调节体温的功能差

体温的相对恒定是维持生命活动的重要条件，皮肤在体温调节方面起着重要的作用。皮肤受到冷刺激，血管收缩，减少散热；皮肤受到热刺激，血管舒张，汗腺分泌增多，增加散热。散热的方式有辐射、传导、对流和蒸发。但幼儿皮肤的体温调节功能比成人差，这是由于一方面，其皮肤中毛细血管丰富，血管管腔相对较大，故血流量相对较多，散热快；另一方面，其皮肤的表面积相对比成人大，散热多。加之汗腺的发育不够完善，神经系统对血管运动的调节作用不够稳定。所以，幼儿往往不能较好地适应外界环境温度的突然变化，容易受凉或过热，易生冻疮或痱子。

3. 吸收功能与分泌排泄功能强

幼儿皮肤薄嫩，通透性较强，有些物质可以完全通过皮肤吸收，如化妆品、外用药等，若使用不当，易使皮肤受到伤害。皮脂腺分泌皮脂，能滋润皮肤和毛发，幼儿头部皮脂腺分泌旺盛。汗腺分泌汗液，其中98%是水分，还有少量的无机盐、尿素等废物，易使幼儿皮肤积垢。

二、学前儿童身体生长教育的内容

学前儿童身体生长教育应当设法帮助幼儿正确地看待自己的身体，逐步理解身体由小到大直至功能衰退的自然规律，掌握初步的身体保健技能和方法。学前儿童身体生长教育大致可分为身体认识与保护教育以及疾病认识与配合治疗教育。其中，身体认识与保护教育并不要求幼儿做到对身体各系统的了解，幼儿能够初步认识并保护身体各部位即可，主要包括对骨骼、鼻子、咽喉、耳朵、眼睛、牙齿、皮肤等的认识与保护。

（一）身体认识与保护教育

1. 骨骼

（1）在幼儿时期培养幼儿正确的坐、站、行、睡姿势有特殊意义。如提醒幼儿要保持正确的站、坐、走姿势，发现有八字脚、罗圈腿、驼背等骨骼发育异常的情况，应及时就医矫治。

（2）桌、椅和床要合适。椅子的高度以幼儿写画时双脚能自然着地、大腿基本保持水平状为宜；桌子的高度以写画时身体能坐直，不驼背、不耸肩为宜；床不宜过软。

（3）幼儿的手劲小，为他们准备的玩具要轻。

（4）幼儿书写、绘画和劳动时适当地安排活动量。适当安排如拍球、绘画、串珠等活动来促进其腕部的发育。

（5）利用多种活动发展幼儿的身体平衡能力。如：

①走平衡木，或沿着地面直线、田埂行走；

② 玩跳房子、踢毽子、蒙眼走路、踩小高跷等游戏活动；

③ 鼓励幼儿进行跑跳、钻爬、攀登、投掷、拍球等活动，以及跳竹竿、滚铁环等传统体育游戏，发展幼儿动作的协调性和灵活性；

④ 对于拍球、跳绳等技能性活动，不能过于要求数量，更不能机械训练，创造条件和机会，促进幼儿手的动作灵活协调。

（6）锻炼幼儿手部精细动作的发展。如：

① 引导幼儿生活自理或参与家务劳动，发展其手部的动作，如练习自己用筷子吃饭、扣扣子，帮助妈妈摘菜叶、做面食等；

② 提供画笔、剪刀、纸张、泥团等工具和材料，或充分利用各种自然、废旧材料和常见物品，让幼儿进行画、剪、折、粘等美工活动。

2. 鼻子

（1）教育幼儿不要用手挖鼻孔，否则容易造成皮肤发炎。咳嗽、打喷嚏时用手帕捂住口鼻；另外教会幼儿擤鼻涕的方法，先捂住一侧鼻孔，擤完，再换另一侧，不要太用力，防止鼻腔内压过大，而使细菌进入耳咽管，引发中耳炎。鼻腔通过鼻泪管与泪囊相通，鼻腔有了炎症，擤鼻涕方法不正确，就可能把细菌挤进鼻泪管，使鼻泪管、泪囊发炎。

（2）教育幼儿用鼻呼吸，使空气通过鼻腔，防止灰尘和细菌进入肺部，并调节空气的温度和湿度，防止感冒；不蒙头睡觉；不将小物件塞入鼻孔；不随地吐痰。

3. 咽喉

（1）要注意保护幼儿的声带，幼儿的音域窄，不宜唱成人的歌，防止声带因过度紧张而肿胀、变厚，甚至呼吸不协调。唱歌的场所要空气清新，避免尘土飞扬。

（2）尽可能多进行户外活动，室内要通风换气，寒冷地区或冬季尤其要注意呼吸新鲜空气。冬天不要顶着寒风喊叫、唱歌；夏天玩得热了，也不要停下来马上吃冷食。

（3）感冒、咳嗽时要多喝水、少说话，因为这时最容易哑嗓子。

4. 耳朵

（1）知道耳由耳廓、耳道组成，耳道里的耳屎是要清除的污物。耳朵能够欣赏音乐，帮助识物、识人。

（2）常洗耳廓；遇到噪声时，用手捂住耳朵，张开嘴巴；自己不挖耳，不用硬物掏耳朵；洗澡、游泳时，要注意保护耳朵，不要让水灌进耳朵里。

5. 眼睛

（1）教育幼儿养成良好的用眼习惯。坐姿要端正，背直、头正。眼与书的距离保持一尺为宜，看电视要离电视1.5米以上。写字、绘画、看书、看电视都要保持正确的姿势。不要在阳光直射或过暗处看书、画画。要教育幼儿不要在走路、躺卧、乘车等时间看书，以免增加眼球的紧张度。幼儿的座位要隔一段时间进行调换，防止引起斜视。集中用眼一段时间后，应远望或去户外活动，以消除视疲劳。看电视要有节制，小班每次不超过15分钟，中班不超过20分钟，大班不超过30分钟。

（2）注意眼的安全和卫生。除培养幼儿良好的用眼卫生习惯外，还要培养其养成良好的保护眼睛的卫生习惯，教育他们不用手揉眼，不用别人的毛巾和手绢，盥洗用品要保持清洁，保教人员要定期将这些物品消毒；教育幼儿最好用流动的水洗手、洗脸，以防眼病。同时，要组织幼儿认真做眼保健操。教育幼儿不玩有可能伤害眼睛的危险物品，如竹签、弹弓、小刀、剪刀等。不放鞭炮，不撒沙子。

6. 牙齿

（1）幼儿到3岁左右就应该学着刷牙，宜选用刷头小、两排刷毛的幼儿牙刷，教师要耐心教会幼儿刷牙的方法，让幼儿知道"顺着牙缝竖着刷，里里外外各个牙面都要刷"。早晚各一次，特别是晚上临睡前一定要刷牙。临睡前刷过牙就不要再吃糖果、饼干或喝饮料。

幼儿正处在恒牙乳牙交换的时期，因此，要引导幼儿掌握保护牙齿、预防龋齿的方法，帮助幼儿初步形成关注牙齿健康的意识和保护牙齿的好习惯。

（2）要预防龋齿，更重要的是培养幼儿养成良好的卫生习惯，掌握正确的刷牙方法，广泛宣传口腔知识，防患于未然。

首先，培养幼儿进食后漱口的好习惯，午餐后也应让幼儿漱口。漱口时要求幼儿含漱时间长一些，要用力鼓腮，用水把粘在牙齿表面和间隙的食物残渣冲洗掉，然后吐出漱口水。早晚各一次刷牙。

其次，使幼儿懂得定期检查牙齿的重要性，发现龋齿及时处理。

最后，预防牙列不齐。牙列不齐会使牙齿缝里残留更多的食物，更容易患龋齿。教育幼儿不吸吮手指，不托腮、咬下嘴唇和手指甲；不咬其他硬物，如瓶盖、铅笔头、尺、核桃等硬果壳类。

（3）对幼儿进行生理、心理两方面的换牙护理。生理护理教育主要是指注意幼儿的口腔卫生；注意纠正幼儿的不良习惯。在换牙期，乳牙即将脱落时，幼儿惯用舌舔松动的牙，这是一种不良的习惯，会影响恒牙的正常萌出，应及时给予纠正，以防止错位咬合——即牙排列不整齐。

要进行心理护理教育是由于换牙期幼儿的自尊心已经建立，比较在乎门牙对自己外貌的影响。若以此捉弄幼儿，幼儿会产生自卑心理。教师要告诉幼儿，这是长大过程中必然经历的阶段，要为自己的成长而骄傲，并且能够承受牙齿脱落和生长的疼痛。

7. 皮肤

（1）要培养幼儿保持皮肤清洁卫生的好习惯，使幼儿养成脏了就洗的好习惯。幼儿应掌握正确的洗手洗脸方法，每天用肥皂清洗身体裸露部分，如手、脸、颈、耳等，勤洗澡、洗头。

（2）勤剪指甲，手指甲每周剪一次，脚指甲两周剪一次。

（3）教育幼儿不化妆，不烫头发，不涂口红，勤换内衣。

扫码学习：
1. 小班健康活动"医院体检我不怕，我的身体顶呱呱"
2. 中班健康活动"怎样保护皮肤"
3. 大班健康活动"我的骨骼"

（二）疾病认识与配合治疗教育

1. 常见疾病

（1）上呼吸道感染。

上呼吸道感染的病因有病毒、细菌侵入。症状包括鼻塞、流鼻涕、咳嗽、发热，幼儿多会高热而惊厥，可能并发肺炎。

在教育过程中，教师应教育幼儿要勤锻炼身体，提高耐热耐寒的能力；注意季节变换增减衣服；冬春季少去人口密集的公共场合；教育幼儿患病时服退热药、物理降温，要卧床休息，多喝水。引导幼儿打针吃药并不可怕，就医是最快缓解疼痛、治疗疾病的方法，引导幼儿积极配合治疗。

（2）扁桃体炎。扁桃体炎的病因有病毒、细菌侵入。症状有高热、头痛、疲惫、咽部痛痒、扁桃体肿痛。具体教育内容同上呼吸道感染。

（3）腹泻。腹泻的病因有进食过多不易消化、腹部受凉、冷食过多等，或是细菌性痢疾。症状包括一日多次拉稀，有口唇干裂、酸中毒等脱水的表现。

在教育过程中，教师要教育幼儿注意饮食卫生，饭前便后都要洗手，幼儿园方面更是必须做到每顿餐具消毒，教育幼儿注意腹部保暖，不吃过量、过凉、不易消化的食物，不穿露肚脐的服装。

2. 常见传染病

幼儿常见传染病有水痘、流行性腮腺炎、细菌性痢疾、手足口病等。教师需要了解这些传染病的病因及传播途径，清楚患病症状，对幼儿勤检查、勤观察，早发现、早告知幼儿家长，及时预防疾病的传播。

（1）水痘。呼吸道和皮肤疾病易引起水痘，一般通过飞沫、接触、衣物用具传播，6月至3岁婴幼儿易患。症状包括低热，皮疹（头面部至躯干四肢），从小红点到水疱再到结痂（无疤痕），瘙痒。

教师应尽早发现病症，早发现早隔离，接触者要检疫，房间通风在3小时以上，衣物等贴身用品要进行全面消毒。

（2）流行性腮腺炎。呼吸道疾病易引起流行性腮腺炎，一般通过飞沫传播。该病为急性病，主要表现为发热、畏寒、头痛、缺乏食欲；腮腺肥大，有轻度压痛感，咀嚼感到腮腺胀痛，两侧分别肿大，一般4～5天消肿。

教师应尽早发现病症，早发现早隔离，隔离至完全消肿，服用板蓝根预防。接触者要检疫。

（3）细菌性痢疾。肠道传染病易引起细菌性痢疾，病从口入。该病为急性病，主要表现为高热、腹痛，一日可腹泻十多次，有明显排不净的感觉，大便带有脓血。

教师应做到早发现早隔离，改善环境、饮食和个人卫生，服用马齿苋等中草药预防。

（4）手足口病。该病为肠道病，主要通过空气飞沫、皮肤、衣物接触传播。多发于婴幼儿阶段。症状包括发热，手、口、足部位出红疹和疱疹，溃疡，有痛感。持续7～10天。并发症包括肺水肿、心肌炎、脑膜炎。

教师应做到早发现早隔离。接触者检疫，被褥、用具等消毒。

扫码学习：
1. 小班健康活动"胖胖熊感冒"
2. 中班健康活动"'手足口'，快走开"
3. 大班健康活动"预防传染病"

第三节 学前儿童身体生长教育活动的设计与指导

学习目标

1. 能够解释说明学前儿童身体生长主题活动设计的流程；
2. 能够清楚学前儿童身体生长教育活动指导的注意事项；
3. 能够熟练设计并组织实施一次学前儿童身体生长教育活动。

一、学前儿童身体生长主题活动设计

在进行学前儿童身体生长教育时，幼儿园教师更多选择开展以"幼儿身体生长"为主题的活动，以期系统地提高幼儿对身体的认识与保护意识。现以学前儿童身体生长主题活动设计为例，介绍学前儿童身体生长教育活动设计流程。

（一）确定活动对象

学前儿童身体生长主题活动对象为3~4岁、4~5岁、5~6岁幼儿。明确幼儿年龄段，旨在提醒教师根据幼儿身体发展特点选择适宜的教育内容。

（二）选择主题活动内容

健康主题活动内容经常以"幼儿身体生长"为中心来挖掘相适宜的主题。学前儿童身体生长主题活动可选择的主题有"我的身体""健康的牙齿""认识五官""感冒了怎么办"等。

（三）活动前准备

幼儿身体生长主题活动的准备主要包括环境准备和材料准备。环境准备就是要营造活动的环境，激发幼儿的兴趣，引发幼儿的已有经验；材料准备就是提供适宜的可操作的材料。值得注意的是，在进行准备时要将所有子活动所需材料准备齐全。当每个子活动之间的材料互不重复时，可将准备材料按领域划分；而当子活动之间有重复利用的材料时，统一计算并标明所需材料总量即可。

有些活动材料是现成的，有些则需要教师进行绘制，有的情境表演准备需要教师事先安排好，保证能为活动所用。教师进行材料准备时，应注意多功能性、差异性和方便性。

（四）学前儿童身体生长主题活动设计步骤

1. 主题设计缘由

（1）主题来源。主题或源于现有课程体系，或源于幼儿的兴趣，或源于班级中现有的"内容""材料"等。由于幼儿期身体生长发育速度快，幼儿对自身的变化的兴趣高，开展身体生长主题活动的重要程度可想而知，教师需要描述清楚选择主题的设计意图。

（2）主题内容。怎么进行这个主题？主题所包含的内容有哪些？设计缘由中的主题内容需要简要概括介绍。

（3）主题价值。主题的价值是什么？通过此主题幼儿可获得哪些经验？在介绍活动可能达到的教育目标前，需要先着重介绍活动对象的年龄阶段与身体发展特点，以及对该主题现有认知水平。

2. 确定主题活动目标

这里所说的目标是本主题活动的总体目标，应当是在《指南》确定的各年龄段教育目标和学期目标之下的月、周教育目标。主题活动目标应具有较强的可操作性和相对独立性。主要体现以下特点：

（1）具有鲜明的主题特征。主题活动目标以主题为线索和载体，把教育要求和内容穿插其中。

（2）体现整合性，即五大领域内容的有机整合。

（3）符合本年龄段的年龄特征，内容的深度和广度与幼儿的知识经验和能力相符合。要考虑实现所设目标的难易程度，不可设置太困难的目标，否则容易影响教师对幼儿的评价，甚至让幼儿无法愉快地投入活动；不可设置太简单的目标，由于幼儿身体生长教育的性质，所设课程内容绝对是与幼儿生活息息相关甚至围绕幼儿自身的，目标太简单，幼儿容易感到无聊，转身探索其他事物。

（4）目标不要太多太细，要宏观概括，一般不超过10条。

3. 设计主题网络

学前儿童身体生长主题活动不是孤立的一次性活动，而是内涵丰富、循序渐进的长期教育行为。下面展示一种主题网络的设计形式（图3-1、表3-1、表3-2）。

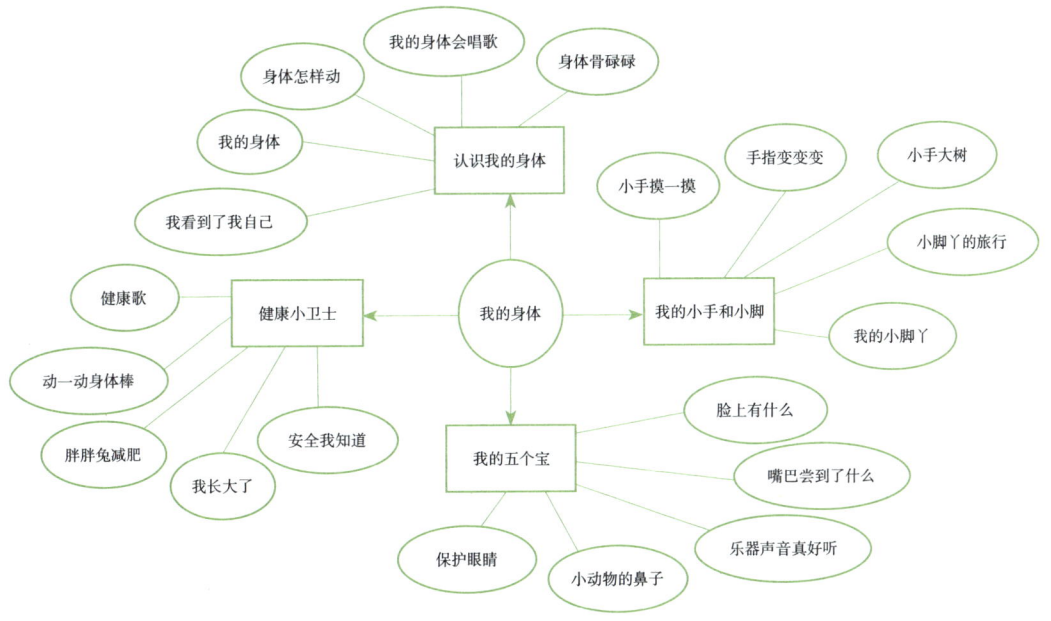

图3-1 月主题"我的身体"各活动关系

表3-1 月主题活动—周主题活动安排表

每周主题	活动一	活动二	活动三	活动四	活动五
第一周主题"认识我的身体"	社会活动"我看到了我自己"	健康活动"我的身体"	科学活动"身体怎样动"	音乐活动"我的身体会唱歌"	体能活动"身体骨碌碌"
第二周主题"我的小手和小脚"	科学活动"小手摸一摸"	音乐活动"手指变变变"	美术活动"小手大树"	健康活动"小脚丫的旅行"	社会活动"我的小脚丫"
第三周主题"我的五个宝"	社会活动"脸上有什么"	科学活动"嘴巴尝到了什么"	音乐活动"乐器声音真好听"	美术活动"小动物的鼻子"	健康活动"保护眼睛"
第四周主题"健康小卫士"	音乐活动"健康歌"	健康活动"动一动身体棒"	语言活动"胖胖兔减肥"	科学活动"我长大了"	社会活动"安全我知道"

表3-2 第一周主题"认识我的身体"各活动目标

第一周	课　程　目　标
"我看到了我自己"	1. 了解身体的各个部位 2. 体验自己的各种情绪，以及不同情绪相对应的表情 3. 产生观察自己的兴趣
"我的身体"	1. 熟悉身体各部位的位置和名称 2. 能迅速指出身体的相应部位 3. 感受身体的奇妙，体验活动的乐趣
"身体怎样动"	1. 意识到自己身体很多地方都能动 2. 能够积极探索自己身体的运动技能以及不同的关节 3. 能够乐于和同伴讨论身体哪里能动
"我的身体会唱歌"	1. 尝试用自己的身体来发出声音 2. 在根据歌曲节奏拍打自己身体部位的过程中感受律动的快乐 3. 在引导下能主动探索周围各种声音
"身体骨碌碌"	1. 尝试在垫子上自由滚动身体 2. 运动时学会躲避，不与他人碰撞 3. 体验运动的乐趣

（五）学前儿童身体生长主题具体教育活动设计

学前儿童身体生长主题具体活动设计流程一般为：确定活动目标—选择活动内容—明确活动重难点—进行活动准备—策划活动过程—考虑活动延伸。一般参照单一领域活动设计，其设计流程和单一活动设计类似。

二、学前儿童身体生长教育活动指导

学前儿童身体生长教育活动的组织与开展主要以语言类方法与直观类方法相辅相成，可根据具体教育活动需要考虑采用实践类方法以助教育目标的实现。实施学前儿童身体生长教育活动的过程中应注意以下四点。

（一）以亲身感受和生长体验为主

教师在进行身体生长教育时，常常受到幼儿理解能力的限制，比如，幼儿没有相应的数量概念和长度概念，对于长高和长大的概念只有模糊的认识。因此，可以在教导长度概念时让幼儿和幼儿园里的某一植物比身高，也可以自己用某种事物量一量自己的身高。在教育幼儿科学用嗓时，可以在活动中针对某种声音，让幼儿自己体验很大声地喊和低声说话时嗓子的舒服程度，当同伴对自己大喊时体会大声喊自己的感受，这样才能理解说话、唱歌不能大声喊的原因。

（二）以身体示范为主

身体示范是让幼儿认识自己身体的外形特征以及五官较为有效的办法。教师可以采用示范法，利用集体教学、自由活动时间、体育锻炼时间示范身体各部分位置以及形状。当然，也可以引导幼儿通过蒙眼睛摸同伴的方式找到对方的身体各部分，以此认识身体形态。

（三）榜样的力量大于说服的力量

如果在幼儿早期不注重良好用眼习惯的培养，幼儿较容易养成不良的用眼习惯，如看书、画画坐姿不佳，躺着看书，在光线昏暗的情况下依然看电视、玩电脑，而且时间较长。这时，教师及家长的劝说往往只能暂时说服幼儿改变一两次的行为，长久效果不佳。因此，教师可以和幼儿一起看书，用正确的姿势，并指出这种姿势既舒服又保护眼睛，长久地坚持幼儿较容易效仿。

（四）善用直观的视频

幼儿生性喜欢鲜艳、可爱、活泼的动画人物，在讲解龋齿对牙齿的损害时，教师可以运用观察法引导幼儿理解教师想要传达的教育内容，播放动画视频讲述小蛀虫是如何侵入牙齿，一点一点吃掉牙釉质，最后让牙齿的主人疼得不得不去看牙医的故事，让幼儿养成饭后漱口、坚持刷牙的习惯。也可以通过视频加深幼儿对常见疾病的认识，如播放动画片中主人公流鼻涕、咽喉肿胀进食困难、四肢酸痛时活动受限、吃药打针等场景，使幼儿回想起自身生病时的痛苦，引导幼儿珍惜健康。

参考答案

行动研修

一、名词解释

1. 学前儿童身体生长
2. 学前儿童身体生长教育

二、简答题

1. 学前儿童身体生长教育的价值是什么？
2. 学前儿童身体生长教育的内容包含哪些？
3. 学前儿童身体生长主题活动设计分为哪几个步骤？具体包括哪些内容？
4. 实施学前儿童身体生长教育活动应注意哪些问题？

三、材料分析题

6岁的小朋友凡凡和小美老师说自己的牙齿松动了，舔一舔还有一点疼。小美老师帮他检查了一下牙齿，确定凡凡是进入了换牙期，并联系了他的家长尽快带他去医院拔牙。为此，小美老师打算组织一次"换牙不要怕"教学活动。

1. 该教学活动属于学前儿童身体生长教育的哪一方面？举例论述这一方面的教育内容。
2. 请根据已学的学前儿童身体生长教育内容，确定这次教学活动的目标，选择合适的教学内容，写下目标与内容并阐述清楚。

四、实践题

请以"学前儿童身体生长"相关内容为主题，设计一个月主题活动，要求有主题缘由（设计意图）、主题网络图、主题目标、主题准备等，并撰写其中一次具体活动的教案。

课后学习指导

一、资料推荐

1. 麦少美，孙树珍.学前儿童健康教育活动指导［M］.3版.上海：复旦大学出版社，2015.
2. 庞建萍，柳倩.学前儿童健康教育与活动指导［M］.3版.上海：华东师范大学出版社，2023.
3. 郑淑敏. 幼儿园健康教育课程案例集［M］.北京：学苑出版社，2016.

二、拓展阅读

学前儿童生长发育形态指标

1. 体重

体重是指人体的总重量，在一定程度上反映幼儿的骨骼、肌肉、皮下脂肪和内脏重量及其增长的综合情况，也是计算药量的重要依据。与身高相结合可用以评价机体的营养状况和体型特点。体重估算公式为：标准体重=年龄×2+8（千克）。

2. 身长（身高）

身长是指人体站立时颅顶到脚跟的垂直高度，是最基本的形态指标之一，常用以表示全身生长的水平和速度。身高方面的个体差异比体重更大。身高方面的异常，大多是先天性骨骼发育异常与内分泌疾病所致。3岁以下的小儿一般量卧位身长。1岁以后的平均身高估算公式为：平均身高=年龄×5+75（厘米）。

3. 坐高（顶臀长）

坐高是坐位时从颅顶点至臀部接触底座平面的垂直高度，可表示躯干的生长情况，与身高比较时可说明下肢与躯干的比例关系。一般出生时坐高为身高的67%，6岁时为55%。

4. 头围

头围是以眉间点为起点，经枕后点至起点的围长。头围能反映颅和脑的大小以及发育情况，是判断大脑发育障碍，如脑积水、小头畸形等的主要诊断依据。幼儿出生时，头围已达到成人头围的65%左右，10岁时则达到成人头围的95%以上。

出生时头围约34厘米，6个月时约44厘米，至1岁时达46厘米，2岁时为48厘米，5岁时为50厘米，以后增长得更少。头围测量在2岁时最有价值。脑发育不全，呈小头畸形，头围过大，应疑有脑积水和佝偻病后遗症。

5. 胸围

胸围表示胸廓的容积以及胸部骨骼、胸肌、背肌和脂肪层的发育情况，并在一定程度上表明身体形态及呼吸器官的发育状况，以及体育运动的效果。胸围大小与肺的发育、胸廓骨骼、肌肉和皮下脂肪的发育有密切关系。出生时胸围约32厘米，1岁时与头围相等。1岁至青春期前，胸围超过头围的厘米数约等于小儿年龄减1。

2022年教育部综合防控儿童青少年近视工作综述

2022年，教育部认真落实党中央、国务院决策部署，落实《综合防控儿童青少年近视实施方案》《儿童青少年近视防控光明行动工作方案（2021—2025年）》，着力化解疫情影响，创新方式方法，精准施策，持续优化，有效推动全国综合防控儿童青少年近视工作走深走实。

出台政策文件，持续部署推进。教育部联合国家卫生健康委、市场监管总局印发《关于进一步规范校园视力检测与近视防控相关服务工作的通知》，切实维护儿童青少年健康和权益。印发《2022年全国综合防控儿童青少年近视重点工作计划》，坚持切实增强合力、部门分工协作的原则，系统谋划和推进新时代儿童青少年近视防控工作，明确重点任务、责任部门和完成期限等，确保按时完成年度评议考核、近视率核定等主要任务。

落实"双减"政策，深化协同育人。严格落实"双减"政策要求，不断提高作业设计质量，严控作业总量，切实减轻学生过重作业负担。不断提高课后服务水平，丰富课后服务活动，引导学生积极参加活动锻炼。建设中小学管理服务平台，加强中小学生作业、手机、睡眠管理监测。切实做好预防中小学生沉迷网络教育引导工作，强化学生爱眼、护眼意识。指导各地各校建立以发展素质教育为导向的科学评价体系，重点关注学生身心发展方面的要求，引导学生加强体育锻炼，按时作息，健康生活。

科学精准防控，落实视力监测。印发通知部署春季学期和秋季学期中小学生视力监测主要信息报送工作，指导地方教育行政部门督促和确保落实学生健康体检制度和每学期视力监测制度，把视力监测结果记入儿童青少年视力健康电子档案，并按规定上报全国学生体质健康系统。举办春季、秋季学期中小学生视力监测数据报送工作培训，指导各地各校规范视力监测数据报送工作，保障视力监测数据报送工作正常有序开展。

深化宣传教育，营造防控氛围。教育部印发《关于加强综合防控儿童青少年近视宣讲工作的通知》，积极推进近视防控宣讲工作。指导全国综合防控儿童青少年近视宣讲团提出2022年寒假、暑假中小学生和幼儿护眼要诀、多场景近视防控问答，倡导广大中小学生和幼儿假期科学健康护眼，积极主动防控近视。印发通知部署开展2022年"师生健康 中国健康"主题健康教育活动，把综合防控近视作为主题健康教育重要内容，引导师生树立正确健康观、提升健康素养和养成健康生活方式，全方位全周期保障师生健康。印发通知部署开展第4个、第5个近视防控宣传教育月、第27个全国爱眼日等活动，广泛开展宣传教育活动，扎实推进综合防控儿童青少年近视工作。

完善课程教材，升级教育平台。2022年3月，印发义务教育课程方案和课程标准，将《生命安全与健康教育进中小学课程教材指南》中防控近视有关内容有机融入中小学相关课程。为推动国家标准GB 40070—2021《儿童青少年学习用品近视防控卫生要求》中对教科书版式设计方面的要求顺利实施，向有关教材出版单位发送《关于落实防近视新国标有关事项的通知》，明确标准实施要求和实施步骤，指导有关出版社有序推进印张调整工作。升级改版国家中小学智慧教育平台，遵循学生身心发展规律和教育规律，充分考虑近视防控需要，微课视频时长控制在小学15～20分钟、中学20～25分钟。为保护学生视力，平台开发了投屏播放功能，专门设立"护眼行动"模块，提供眼保健操视频，在网页醒目位置提醒学生"控制上网时间，保护视力，锻炼身体！"。

融合信息技术，加强规范引导。指导教育信息技术标准委员会组织专家团队研制《信息化教学环境视听健康设计要求》，规定各级各类学校信息化教学环境中影响视觉、听觉健康的建筑物理设计和系统配置要求。组织专家研制《信息技术学习、教育和培训 学习终端功能要求》，拟对各类学习终端的显示、手写输入、教育应用接口进行规范，并对电子纸类学习终端给出技术要求，对液晶显示屏类学习终端给出教育领域与视力保护相关的操作功能要求。积极推进儿童电话手表专项整治工作，以教育信息安全等级保护测评中心作为技术支撑单位，开展儿童电话手表（含手表管理端）等级保护测评、安全测评和网络安全风险评估等工作。面向儿童电话手表及其安装的App，梳理App清单，开展个人信息泄露风险测评，及时向有关单位通报个人隐私泄露安全漏洞，并指导完成整改。

（资料来源：中华人民共和国教育部官网，2023年2月20日，有删减。）

学前儿童心理健康教育

内容导读

国务院下发的《关于幼儿教育改革与发展指导意见的通知》指出:"要尊重儿童的人格尊严和基本权利,为儿童提供安全、健康、丰富的生活和活动环境,满足儿童多方面发展的需要;尊重儿童身心发展的特点和规律,关注个体差异,使儿童身心健康成长,促进体智德美等全面发展。"促进幼儿身心全面和谐发展已成为幼儿教育的终极目标,而心理健康作为人的发展的重要基础,越来越受到社会的重视。作为幼儿园健康教育主要内容之一的心理健康教育,其实施与幼儿的健康成长紧密相关,切合幼儿园健康教育领域中"保护幼儿身心健康"的首要目标。本章主要围绕学前儿童心理健康教育概述、学前儿童心理健康教育的目标与内容、学前儿童心理健康教育的设计与指导三方面展开,帮助学生形成科学的学前儿童心理健康教育意识,为其开展学前儿童心理健康教育奠定基础。

精彩回放

调节情绪情感
中班心理健康活动"开心商店"······ 61
心理健康活动设计
1. 小班心理健康活动"我爱笑"
2. 中班心理健康活动"不一样的男孩女孩"
3. 大班心理健康活动"小猴过生日"······ 64
心理健康活动指导
中班心理健康活动"起床啦"······ 65

第一节 学前儿童心理健康教育概述

学习目标

1. 能够陈述学前儿童心理健康教育的概念，领会学前儿童心理健康的影响因素；
2. 清楚学前儿童心理健康教育目标，熟知学前儿童心理健康教育内容；
3. 掌握学前儿童心理健康教育活动设计的要求，并能够应用适宜的指导方法。

一、学前儿童心理健康教育的概念

（一）学前儿童心理健康

心理健康是指个人心理方面的良好状态。也就是说，除了没有心理与精神疾病的症状外，个人的认知能力、情感表达、行为表现等各方面都应维持在一个正常且平衡的状态，使得个人对自己以及对环境的调适能够达到最高且最好的效能，进而获得满足感以及做出合乎社会文化要求的行为。学前儿童心理健康主要指幼儿有良好的情绪、安全感，亲密的人际关系，对周围世界有积极的心态与求知的愿望。具体来说，以下方面可以作为判断幼儿心理健康的参考标准：社会适应能力良好，个性健全，情绪积极稳定；智力发展正常，行为协调，有适度反应力；心理发展符合实际年龄；自我意识良好，注意力集中，感知能力完好。

（二）学前儿童心理健康教育

学前儿童心理健康教育是根据幼儿生理、心理发展特点，从实际需要出发，运用有关心理科学与教育科学的基本原理，通过多种途径、方法与手段，有目的、有组织、有计划地对幼儿心理素质的各个方面进行积极的教育与辅导，培养其良好的心理素质，最终促进其身心和谐发展和素质全面提高的教育活动。对幼儿进行心理健康教育，创设有利于他们成长的环境和条件，控制和消除种种不利因素，不仅有可能将幼儿的心理障碍、行为问题消灭在萌芽状态，更有利于促进他们的心理健康，培养健全人格，使他们获得认知、情感、社会适应等方面的和谐发展，从而成长为一个有益于社会的人。

二、学前儿童心理健康的不良影响因素

影响幼儿心理健康的因素包含生理层面、心理层面和社会层面。了解这些影响因素，对促进他们的心理健康具有重要意义。

（一）生理性不良刺激

不适当的温度、湿度、照明及空间、噪声等刺激长期作用，会使幼儿生理上难以忍受，影响他们的情绪和行为。

（二）心理性不良刺激

良好的人际交往是最重要的。幼儿与家长、教师、同伴之间的关系不协调，会导致

幼儿心理发展不平衡，尤其遇到家长体罚、教师冷落、同伴讥笑时，其心理压力会加剧。如果家长与教师本身性格古怪，脾气暴躁，情绪多变，则会使刺激的强度进一步增加。

（三）社会性不良刺激

社会性不良刺激主要包括社会环境、家庭及幼儿园方面的不良压力，它们对幼儿也会产生消极影响。如果环境过于单调，幼儿生活乏味，除了学习缺乏其他活动，他们往往会感到寂寞、无聊，进而可能引发孤僻、退缩等行为。相反，环境过于复杂，幼儿整天处于过度兴奋、过多刺激的环境中，也会出现心理过度紧张，产生心理疾病。溺爱的环境会使幼儿失去对生活的适应能力，胆小怕事，这类幼儿生活能力差，在与人交往中往往碰壁，容易产生不良心理状态。不和睦的家庭环境，如家庭的突然变故、亲人的离世、父母的离异与家庭的重组、经济状况的改变等，都会让幼儿产生巨大的心理压力，使其产生不良的情绪体验。其中，家长和教师对幼儿的期望水平及教养方式最为重要。对幼儿期望过高，要求过严，教养方式简单、粗暴或不一致，会造成幼儿心理负担过重，使其难以忍受，导致其心理行为异常。

第二节　学前儿童心理健康教育的目标与内容

学习目标

1. 清楚学前儿童心理健康教育的目标；
2. 熟知学前儿童心理健康教育的内容；
3. 能够正确依据学前儿童心理健康教育目标选择合适的教育内容。

一、学前儿童心理健康教育的目标

学前儿童心理健康教育的目标可以归纳为：以发展性教育模式为主，从幼儿成长需要出发，解决他们在成长中的问题，促进其心理机能的开发与发展。

（一）学前儿童心理健康教育总目标

第一，对全体幼儿实施发展性的心理健康教育。增强幼儿的自我心理保护意识，促进幼儿自我意识、情绪情感、行为习惯、个性心理品质和社会适应能力等方面的全面发展，努力提高幼儿的心理健康水平。注重培养幼儿的积极心理品质，使幼儿获得健全的人格，并过上幸福快乐的生活。

第二，面向个别有心理问题与行为问题的幼儿，开展补偿性心理健康教育及辅导，使其尽快恢复，并提高其心理健康水平。

第三，识别出少数有严重心理问题的幼儿，密切配合专业心理治疗机构，及时提出转介，尽早治愈其心理疾病。

（二）学前儿童心理健康教育阶段目标

幼儿教育不仅仅是对幼儿日常生活的安排和护理、身体的保健和保育，以及生长指标的达标，还关注幼儿的情绪和需要，使他们养成健康的行为习惯，形成积极合理的生活态度和生活方式，促进幼儿身心发展。幼儿心理健康的各阶段目标见表4-1。

表4-1　学前儿童心理健康教育阶段目标

小班（3～4岁）	中班（4～5岁）	大班（5～6岁）
1. 知道安慰哭泣的同伴，如抱抱他，告诉他不要哭 2. 愿意与同伴合作玩玩具和游戏，当同伴提出借某物时同意借给他，不随意动其他幼儿的东西 3. 愿意在托儿所或幼儿园与同伴共同生活 4. 能够在成人的引导下从伤心的情绪中走出来，用适当的方式表达情绪，初步学会排解自己的不愉快 5. 喜欢与别人分享快乐，知道快乐有益于健康	1. 关心周围人、事、物，学会关爱亲人、朋友、老师 2. 能够感受到别人的难过、快乐，并和他人共同感受情绪 3. 喜欢幼儿园的集体生活，能与同伴互相合作；团结友爱，愉快地与同伴一起进行各种活动；能够礼貌地请求参与到同伴的活动中来 4. 遇到不开心的事情，能够转移注意力到其他较吸引自己的事情上，会告诉家长和老师；遇到不良情绪，注意控制情绪，不随意发泄；经常乐于参与各种活动，并保持愉快的情绪 5. 喜欢参加竞争活动，对成功或失败反应适度	1. 学会用积极的心态理解别人、帮助别人。当别人遇到困难、情绪不佳时，能够用合适的方式来安慰 2. 学习与人合作、分享。在游戏中能够通过语言交流顺畅地与同伴合作 3. 能够快速排解自己低落的情绪，并且主动参与其他的活动转移注意力；愉快时能够主动和同伴分享；遇到不良情绪时，能通过倾诉、剧烈运动、放声歌唱、大声喊叫、睡觉等活动自我发泄 4. 体验克服困难的成就感和愉悦感；正确面对挫折、困难，勇敢坚强

案例分享

1. 小班心理健康活动"笑一笑　真可爱"活动目标：

① 体验快乐的情绪，知道人人都喜欢快乐、都喜欢快乐的孩子；

② 能用合适的方式表达自己的情感；

③ 愿意同大家一起交流。

2. 中班心理健康活动"学会原谅"活动目标：

① 初步懂得原谅他人的过失；

② 体验故事中原谅和被原谅人物的情绪；

③ 愿意积极参与交流活动，大胆表达自己的想法。

3. 大班心理健康活动"汤姆的噩梦"活动目标：

① 正确对待黑暗和噩梦，初步克服恐惧并愿意独立入睡；

② 知道害怕是人类正常的情绪，并了解一些正确面对害怕的方法；

③ 愿意勇敢面对入睡时可能遇到的问题。

二、学前儿童心理健康教育的内容

学前儿童心理健康教育的内容包括学习表达和调节自己情绪的方法，培养社会交往能力，锻炼独立生活和学习的能力，养成良好的习惯（包括良好的生活习惯、卫生习惯和品德行为习惯）等。

（一）选择学前儿童心理健康教育内容的依据

1. 根据心理健康教育目标的要求

学前儿童心理健康教育的内容应该是心理健康教育目标的具体落实，应直接体现心理健康教育的目标要求。因此，学前儿童心理健康教育内容的选择要受心理健康教育目标的制约。

2. 符合幼儿心理发展的一般特征

一是在制订、实施心理健康教育计划时，应考虑以游戏为主，即寓教育于游戏之中，对幼儿产生潜移默化的影响。二是幼儿各种心理过程常有明显的具体形象性和不随意性，因此，在构建心理健康教育模式时，应尽可能具体化、形象化，使内容更新颖。

3. 立足于幼儿一生的可持续发展，要体现教育内容的变革

心理健康教育是幼儿教育的重要组成部分。《纲要》按健康、语言、艺术、科学、社会五个领域来表述教育内容，但内容的含义并不局限在某些具体的知识点或技能要求上，而指向希望幼儿在活动中获得的经验或形成的基本素质。例如，健康领域中，"建立良好的师生、同伴关系，让幼儿在集体活动中感到温暖，心情愉快，形成安全感、依赖感""开展丰富多彩的户外游戏和体育活动，培养幼儿参加体育活动的兴趣和习惯，增强体质，提高对环境的适应能力"等表述，指向的是健康生活的态度和能力；而社会领域中，"引导幼儿参加各种集体活动……养成对他人、社会亲近、合作的态度，学习初步的人际交往技能""在共同的生活和活动中，以多种方式引导幼儿认识、体验并理解基本的社会行为规则，学习自律和尊重他人"等要求，都是积极顺应教育改革与发展趋势的体现。这些教育内容都会为幼儿未来的发展奠定良好的基础。

（二）学前儿童心理健康教育的内容

学前儿童心理健康教育的主要内容是帮助幼儿学习表达和调节情绪的方法，学习社会交往的技能，养成良好的习惯，进行性教育，预防和矫治常见的心理障碍和行为异常，培养幼儿自我保护的能力，提高幼儿的心理健康水平。

1. 学习表达和调节情绪情感的方式

情绪情感是影响幼儿心理健康的一个重要因素。幼儿的情绪情感具有易变换、易冲动、易传染、易外露的特点。他们控制情绪情感还有困难，有时也不知道该怎么表达自己的情绪情感体验。因此，在教育过程中要注意以下七点：

（1）要教会幼儿正确认识、理解、评价引发情绪情感反应的情景，知道只有提出合理的要求才能得以满足，而不合理的需求必定是不能达成的；

（2）要让幼儿学会用语言和非语言（神态、表情、动作等）的方式表达自己的情绪情感；

（3）培养幼儿控制、调节情绪情感的能力，主要包括教会幼儿当沉浸在某种不良情绪中时，要自觉转移注意力，进行合理疏导，教会幼儿一些方法来及时释放不良情绪，减轻内心压力，如倾诉、大哭、剧烈运动、放声歌唱、大声喊叫、睡觉等；

（4）引导幼儿形成乐观、向上、开朗、自信的良好心态，积极、热情地参与各种活

动并从中获得乐趣，正确评价自己，坦然面对挫折，对成功或失败反应适度；

（5）营造温暖、轻松的心理环境，让幼儿产生安全感和信赖感，如保持良好的情绪状态，以积极、愉快的情绪影响幼儿；

（6）以欣赏的态度对待幼儿，注意发现幼儿的优点，接纳他们的个体差异，不简单将其与同伴做横向比较；

（7）用恰当的方式表达情绪，为幼儿做出榜样，如生气时不乱发脾气，不迁怒于人，和幼儿一起谈论自己高兴或生气的事，鼓励幼儿与人分享自己的情绪。

2. 锻炼社会交往的能力

归属和爱以及尊重的需要是人类的基本需要。幼儿更多是从一般的同伴集体中获得此种需要的满足，进而开始与周围的人和物的交往。这种社会交往能力的形成对幼儿的心理发展是十分重要的。因此，在教育过程中要注意以下四点：

（1）要让幼儿学会移情，学习感知他人的情感，并能用合适的方式给予回应，可以通过听故事、角色扮演等方法来让幼儿产生与角色相似的心理感受，训练幼儿的移情能力；

（2）引导幼儿学习分享、互助合作等技能，教会幼儿与同伴分享玩具、用具，不独自占有；

（3）培养幼儿能达成与同伴、成人及周围现实环境的协调和适应；

（4）引导幼儿学会尊重与互助，要教会幼儿乐于助人，给予同伴关心、帮助和同情，懂得基本的礼貌礼节。

3. 进行合适的性教育

幼儿对自己性别的认识，对自己在社会生活中应起的作用的认识，以及性意向的发展，是他们社会化发展的一个重要部分。这一发展结果不但影响到幼儿的心理活动和行为特点，而且关系到他们最终形成的个性，影响到他们的一生。因此，在教育过程中要注意以下三点：

（1）确立正确而恰当的性别同一性和性别角色，在组织活动、与幼儿交流以及分配游戏任务与玩具时，都要考虑其性别特征，进行正确的引导；

（2）消除幼儿对性的神秘感，在幼儿向成年人提问关于性的问题时，如"我是从哪里来的""为什么我有小鸡鸡而邻居的小妹妹没有"等，不应该避讳，更不应训斥制止，而应该根据自然现象本身，根据幼儿的理解能力简略真实地回答；

（3）正确处理幼儿的性游戏，不能粗暴制止，更不能羞辱，否则会损害幼儿性心理的健康发展，应因势利导，晓之以理，帮助幼儿形成健康的性心理。

4. 预防心理障碍和行为异常

教师要依照心理健康标准，通过调查、观察、筛查和诊断等方法，及早发现幼儿的各类行为问题、心理障碍和心理疾病，确定问题的性质，采取有针对性的措施，进行早期教育、早期干预或早期治疗。采取"三级预防"是预防幼儿发生心理障碍和行为异常的基本策略。

一级预防：防止心理障碍和行为异常的发生，促进健康，即病因预防，从根本上杜绝心理障碍和行为异常的发生，并提高心理健康水平；

二级预防：早期发现和及时治疗心理障碍和行为异常，防止疾病进一步发展；

三级预防：为了疾病的康复，减少复发和残疾程度，尽量恢复病儿的生活自理能力。

其中，一级预防是最重要、最基本的防病保健康的预防措施。

扫码学习：
中班心理健康活动"开心商店"

第三节　学前儿童心理健康教育活动的设计与指导

学习目标

1. 能够解释说明学前儿童心理健康教育活动设计的流程；
2. 能够阐述学前儿童心理健康教育活动指导方式；
3. 能够熟练设计并指导学前儿童心理健康教育活动。

一、学前儿童心理健康教育活动设计

学前儿童心理健康教育活动设计的基本思路是：围绕关键经验确定活动目标，做好活动准备，根据活动目标选择活动内容，明确活动重难点，根据幼儿的心理特点和教育规律设计实施过程，考虑活动延伸。

（一）确定活动目标

确定心理健康教育活动的活动目标，实际上就是挑选所要训练的幼儿的某一心理素质或心理特征。因为个体的心理特征很丰富，在一次教育活动中，不可能对所有的心理特征都加以培养，面面俱到反而无所适从，必须有针对性、有选择地加以培养。在确定具体活动目标的过程中，要注意目标的全面性、可操作性、适宜性，表述的精炼化和统一性。目标不宜笼统，要具体明确，出现具体的经验，可操作，可衡量。目标数量不宜过多，重点呈现新的经验和需要重复的重要经验，以2～3条为宜。

案例分享

1. 小班心理健康活动"高兴和生气"活动目标：
① 认识高兴和生气的表情（脸上、眼睛、嘴巴）；
② 学习用语言表达感受，用适当的方式表达自己的情绪；
③ 体验关爱、亲情、共享的快乐。

2. 中班心理健康活动"做个快乐的孩子"活动目标：
① 学会辨认喜怒哀乐等基本情绪；
② 能对自己的情绪做出较为确切的表达；
③ 了解不同情绪对身体健康的影响，懂得如何调节自己的情绪。

3. 大班心理健康活动"不同的情绪"活动目标：
① 知道每个人都有情绪，并能辨析基本情绪（喜、怒、哀、乐）；
② 初步学会用正确的方式排解消极的情绪，培养开朗的性格和乐观的情绪；
③ 愿意帮助别人，体验助人为乐的快乐。

（二）选择活动内容

内容的选择应根据活动目标，考虑幼儿身心发展特点、知识经验的序列性，注重内容的科学性、趣味性、时代性等方面。

 案例分享

比如，解决问题能力训练：我该怎么办；合作意识的培养：小动物抬水比赛；自信心的提高：说说我的优点；应对挫折：如果我失败了……

再比如，为了让大班幼儿能准确地表达自己的心情，教师设计了让幼儿制作表情卡片来表达不同心情这一内容。

（三）明确活动重难点

教学活动重点是一次教学活动的重要目标，难点是对幼儿学习过程中可能出现的困难的估计。找出重点是为了突出、强化。找出难点是为了帮助、克服。

 案例分享

1. 小班心理健康活动重难点：
重点：正确认知自己的情绪，学习合理疏导、控制自己的情绪。
难点：能够用恰当的方式表达自己的情绪。
2. 中班心理健康活动重难点：
重点：体会原谅他人与被他人原谅的情绪情感。
难点：通过故事活动，初步懂得原谅他人的过失。
3. 大班心理健康活动重难点：
重点：初步了解不同情绪对人身体的影响，懂得保持良好的情绪。
难点：能通过活动掌握一些缓解伤心、转移情绪的方法。

（四）做好活动准备

活动准备包括物质准备和经验准备，具体来说包括教学环境准备、教师教具准备、幼儿操作材料准备、幼儿知识经验准备。

物质准备包括围绕教学内容为幼儿提供支持其学习的活动环境、活动材料等，有场地布置需求的教学活动，还需画出场地布置示意图。如需要幼儿用书，放在活动准备的最后一条。活动材料不宜过多、过杂，要从目标和环节的实际需要出发。经验准备根据活动需要制定，可有可无。

 **案例分享**

1. 小班心理健康教育活动"我好害怕"活动准备：
图画书《我好害怕》，事先让幼儿和家长讨论并记录自己最害怕的事或物等。
2. 中班心理健康教育活动"学会原谅"活动准备：
① 物质准备：《学会原谅》课件，表情图谱2张（害怕、生气），《学会原谅》动画视频，《握手舞》音乐。
② 经验准备：幼儿会跳《握手舞》。
3. 大班心理健康教育活动"好心情"活动准备：
① 物质准备：轻缓的背景音乐，表情娃娃2个（高兴、伤心），笑脸贴纸若干，多媒体课件。
② 经验准备：教师和幼儿一起讨论曾经伤心的事情和快乐的事情的经历。

（五）设计活动过程

学前儿童心理健康教育活动过程一般包括进入情境、体验感知、交流分享三个环节。

1. 进入情境

进入情境即导入部分，目的在于吸引幼儿的注意力，调动幼儿的兴趣和情绪。主要可以采用直观导入、作品导入、设疑导入等方法。

直观导入，即教师利用直观材料、实验材料、教育环境等，向幼儿提供与本活动有关的可视形象，启迪他们的兴趣和经验。直观材料可以是图片、实物、模型，也可以是电教演示，如应用幻灯片，还可以是展览会、情景剧表演等方式。

作品导入，即教师运用文艺作品，如谜语、诗歌、故事、歌曲、图画等，引导幼儿进入活动。

设疑导入，即教师通过设置悬念、提问等手段引入活动。

2. 体验感知

体验感知部分在于引导幼儿理解主题。导入活动结束后，马上要切入心理健康教育活动主题，向幼儿呈现具体事件，使其充分感知"具体事件"。

第一环节：情景感知。根据幼儿心理健康教育活动具体内容可以选择以下感知形式：现实性情景感知、问题性情景感知、表演性情景感知。

第二环节：体验理解。在这一环节中，教师的主要任务是引导幼儿进一步探索，体验理解"具体事件"。教师可以采取下列三种常见的体验理解方式：一是认知参与式理解，情感体验要转化为情感认识，必须通过认知的参与、调节和评价；二是层层递进式理解，教师依据幼儿的认识特点和教育内容的逻辑联系，由浅入深、由表及里地引导幼儿活动；三是操作活动式理解，教师通过巧妙布置练习任务，让幼儿亲自做一做、玩一玩、动一动等方式，达到情感体验理解的目的。

3. 交流分享

交流分享部分要组织幼儿讨论、交流某一情境中的主人公行为，将自己代入进去，分析其心理状态，明白解决问题的正确做法。也可以引导部分幼儿根据教师创设的情境尝试正确的做法,其他幼儿观看台上幼儿的做法后进行评价,从而学习正确的行为方法。

 案例分享

小班心理健康教育活动"我好害怕"活动过程:

进入情境环节,教师采用作品导入。首先出示图画书,让幼儿大胆猜测小熊害怕的原因,然后揭示谜底,引出害怕的声音,引导幼儿进入了图画书中小熊害怕的情境,引导幼儿思考,激发幼儿学习的兴趣。

体验感知环节,在教师的引导下,幼儿通过讨论获得"害怕"的心理体验和感受,并通过情境表演得出应对"害怕"的措施。

交流分享环节,教师引导幼儿重新回归图画书中的故事情境,进行幼儿之间、师幼之间的交流和分享,对从故事中学得的经验进行总结。

(六)考虑活动延伸

策划活动过程后,要根据具体活动的情况,决定是否需要活动延伸。延伸的方式多种多样,包括家园共育、领域渗透、环境创设、区角活动等。

 案例分享

中班心理健康活动"我的心情"活动延伸:
1. 在活动室里设置一个安静、温馨、封闭的"心情屋";
2. 继续在幼儿园或回家与同伴和父母讨论,学习帮助自己和同伴心情变好的方法。

扫码学习:
1. 小班心理健康活动"我爱笑"
2. 中班心理健康活动"不一样的男孩女孩"
3. 大班心理健康活动"小猴过生日"

二、学前儿童心理健康教育活动指导

学前儿童心理健康教育主要是通过师幼共同活动来进行的,这些共同活动的方式就是学前儿童心理健康教育活动的教学方法。学前儿童心理健康教育活动的教学方法主要有讲述法、表演法、游戏法、示范法、讨论法等。

(一)讲述法

讲述法是指教师以心理健康教育目标为切入点,具体而形象地向幼儿讲解保持心理健康的方法和途径。因为幼儿最信服的对象是教师,对教师的言谈举止观察最细、感受最深,甚至不加选择地信服教师的言行。所以,教师应该注意自己的一言一行,用良好的言行感染幼儿。教师的言语、态度、思维、习惯都容易影响幼儿的行动,所以要求幼儿做到的,教师首先要做好。如合作性训练中,在演示了"一根筷子易折断,一把筷子折不断"之后,教师用讲述法使幼儿明白合作的重要性。讲述法还包括讲故事,利用幼儿喜欢听故事的心理，讲述一些与心理健康有关的故事，如培养创造力时可以讲述《司马光砸缸》的故事。

（二）表演法

表演法是指教师或幼儿就特定的生活情境、故事情节等加以表演，通过行为模仿或行为替代来影响个体心理过程的方法。情境表演的主题来源于幼儿的现实生活，因此能激发他们的兴趣。这种方法能较好地帮助他们认识生活中可能遇到的心理健康问题和冲突，了解应该做出的合乎要求的行为。

（三）游戏法

游戏法是进行学前儿童心理健康教育最主要的方法之一。因为游戏是幼儿最喜爱的活动，对他们来说，通过游戏进行学习比通过说教更容易接受。而且游戏能够满足幼儿各种层次的需要，促进幼儿想象力和创造力的发展，有利于幼儿增强自尊心和自信心，获得成就感。在游戏中，幼儿不是在做无意义的事，而是在进行真正的学习。游戏为幼儿提供了表达情绪的理想途径，幼儿可以摆脱外界环境的压力，避开现实生活的不愉快情境，在自由活动中消除不良情绪，体验成功的快乐。不同的游戏可起到不同的心理健康教育作用，如竞赛性游戏可以培养幼儿的竞争意识和合作精神，非竞赛性游戏可以减轻幼儿的紧张或焦虑情绪，使其获得轻松愉快的情绪体验。

（四）示范法

为幼儿树立榜样，让幼儿模仿，从无意到有意，从自发到自觉，学习示范榜样的行为和习惯，是心理健康教育一种行之有效的方法。榜样可以是同龄幼儿的良好行为，也可以是故事、电影或电视中正面人物的典型言行。

值得注意的是，在幼儿健康心理和行为的形成过程中，具有决定性影响作用的榜样是父母和教师的行为。幼儿依靠有关事物的具体形象和表象进行思维，他们的模仿能力强，且幼儿掌握行为准则是从模仿他人以及感知他人对自己行为的评价开始的，对直接感知到的行为易于理解和掌握，因此，榜样能将抽象的知识具体化和形象化，使幼儿易于接受并见诸行动。身教重于言教，父母和教师的一言一行是幼儿模仿的榜样，这就要求家长和教师以身作则，为幼儿树立模仿学习的典范。家长和教师在选择榜样时，要注意榜样的典型性、权威性和情感性，使榜样对幼儿的行为起启发、控制、矫正作用。

（五）讨论法

讨论法是指教师通过组织语言讨论活动，让幼儿积极参与心理健康教育活动，为他们提出问题、发表意见、自己得出结论提供机会。讨论法能有效地帮助幼儿表达自己的真实想法，鼓励他们对他人的言行加以评价，从而提高其判别是非的能力。

讨论法通常选择幼儿感兴趣的心理健康话题展开讨论，该方法常用于解决问题能力训练的教育活动中。运用此方法时，教师注意严禁批评，应该给予幼儿自由畅想的时间和机会，鼓励他们想得越多越好，也可以对别人的想法加以改进和组合。

扫码学习：
中班心理健康活动"起床啦"

 行动研修

一、名词解释

1. 学前儿童心理健康
2. 学前儿童心理健康教育

二、简答题

1. 简述学前儿童心理健康的不良影响因素。
2. 简述学前儿童心理健康教育的总目标。
3. 简述选择学前儿童心理健康教育内容的依据。
4. 简述学前儿童心理健康教育的内容。
5. 简述学前儿童心理健康教育活动设计的流程。
6. 简述学前儿童心理健康教育活动指导方法。

三、案例分析题

请分别分析下面两个学前儿童心理健康教育活动的目标设置得是否合理，若不合理，请指出并为其设计合适的目标。

活动一：我爱表达

① 在游戏中认识日常生活中高兴和生气的表情；
② 学习用语言表达感受，用适当的方式表达自己的情绪；
③ 乐意用表情和语言表达自己的情绪。

活动二：我要勇敢

① 积累生活中各种勇敢的经验，能够围绕话题大胆表达自己的意愿和想法；
② 鼓励幼儿在学习中遇到困难时，勇敢面对并解决它。

四、实践题

请设计一个学前儿童心理健康教育活动，并撰写详细教案，要求使用明确具体的教师指导语言。

课后学习指导

拓展阅读

学前儿童心理健康标准

1. 认知活动积极

一定的认知能力是幼儿学习与生活的重要前提。这是因为正常的认知水平是幼儿与周围环境取得平衡和协调的基本心理条件。从客观上来看，幼儿的认知发展水平会表现出一定的个体差异，但如果某幼儿的认知水平明显低于同年龄幼儿，且不在正常的范围内，那么该幼儿的认知能力是低下的，心理也往往会有问题。

幼儿积极的认知活动，一是表现为各种认知心理机能的发展，包括感知能力的发展、注意能力的发展、记忆能力的发展和思维能力的发展等方面；二是表现为领域知识的发展，如数量、时间、空间、运动、速度、因果等不同认知领域的发展。

2. 情绪积极向上

积极的情绪状态反映了个体中枢神经系统功能的协调性，也表明个体的身心处于良好的平衡状态。幼儿的情绪具有很大的冲动性和易变性，但随着年龄的增长，情绪的自我调节能力有所增强，稳定性逐渐提高，并开始学习合理地疏泄消极的情绪。如果某个幼儿经常处于消极的情绪状态，或闷闷不乐，或暴跳如雷，那么该幼儿的心理是不健康的。

3. 人际关系融洽

幼儿之间的交往活动是一种全新的人际关系的体现，它既是维持心理健康的重要条件，也是获得心理健康的必要途径。心理健康的幼儿乐于与人交往，能与同伴合作，会跟同伴快乐地游戏；而心理不健康的幼儿，其人际关系往往是失调的，他们或远离同伴，或攻击同伴，或成为同伴群体中不受欢迎的人。

4. 性格特征良好

性格是个性中最核心、最本质的表现，它反映在个体对客观现实的稳定态度和习惯化的行为方式中。心理健康的幼儿一般具有热情、勇敢、自信、主动、合作等性格特征；而心理不健康的幼儿，往往具有冷漠、胆怯、自卑、被动、孤僻等性格特征。

5. 没有严重的心理健康问题

心理不健康的幼儿常常会以各种行为方式表现出来，诸如吸吮手指、遗尿、口吃、多动等障碍；而心理健康的幼儿不会有严重的或复杂的心理健康方面的问题。

第五章

学前儿童安全教育

内容导读

幼儿正处于生长发育的重要时期,在好奇、好探索的心理驱使下,他们往往会表现出大胆的举动。而身体各系统发育的不完善及对周围事物缺乏全面认识的能力,决定了他们的行为中隐藏诸多的安全隐患。如果成人对他们的照料稍有疏忽,极易发生安全事故。因此,学前教育阶段把幼儿的安全放在首位,重视对幼儿进行安全教育,采取有效措施消除安全隐患,是整个学前教育的重要组成部分。本章主要围绕学前儿童安全教育概述、学前儿童安全教育的目标与内容、学前儿童安全教育的设计与指导三方面展开,帮助学生形成科学的学前儿童安全教育意识,为其开展学前儿童安全教育奠定基础。

精彩回放

交通安全教育
1. 小班交通安全活动"红绿灯"
2. 中班交通安全活动"安全乘坐公交车"
3. 大班交通安全活动"交通安全伴我行" ………………………………… 75

活动安全教育
1. 小班活动安全活动"小剪刀真神奇"
2. 中班活动安全活动"四只小猫"
3. 大班活动安全活动"我是安全小达人" ………………………………… 76

生活安全教育
1. 小班生活安全活动"进出门"
2. 中班生活安全活动"开关门"
3. 大班亲子游戏活动"家庭安全伴我行" ………………………………… 77

危险自救教育
1. 小班危险自救活动"小兔乖乖"
2. 中班危险自救活动"紧急电话"
3. 大班危险自救活动"地震演练" ………………………………………… 80

安全教育活动指导
1. 小班健康活动"五彩的小糖豆"
2. 中班健康活动"户外运动的安全"
3. 大班健康活动"我在运动会上穿什么" ………………………………… 87

第一节　学前儿童安全教育概述

学习目标

1. 能够陈述安全及学前儿童安全教育的概念；
2. 领会学前儿童安全教育的意义；
3. 形成科学的学前儿童安全教育意识。

一、学前儿童安全教育

所谓安全教育，就是针对遭遇突发性事件、灾害性事故时所表现出来的应急、应变能力，避免自身生命、财产受到侵害的自我保护、安全防卫能力，健康心理状态和抵御违法犯罪能力的教育。《指南》针对幼儿的生活环境与发展需要，从与人交往的安全、活动或运动的安全、交通安全以及求助、防灾等角度提出了不同年龄阶段幼儿学习与发展的目标。

学前儿童安全教育的目标是培养幼儿的安全意识和自我保护能力，塑造幼儿的安全行为。幼儿安全行为包括预防性安全行为和安全自救行为。预防性安全行为是指幼儿在日常生活中表现出来的旨在保护自身生命的安全行为，如不将异物放进口鼻中、安全用电、外出遵守交通规则等；安全自救行为是指在出现意外灾害时能沉着应对，学会自救避险，如拨打急救电话、火灾自救、地震避险等。

二、学前儿童安全意识和能力

"安全"在《现代汉语词典》（第7版）里的解释是指没有危险、平安。现代安全的定义是指没有危险、不受威胁、不受伤害、不出事故，即消除能导致人员伤害，发生疾病或死亡，造成设备或物质财产破坏、损失，以及危害人的心理和环境的条件，还包含人们的一种心态理念、价值观等。

安全意识是指个体对安全知识的掌握及保证自身安全的基本行为的认识能力，是一种个体心理特征，是顺利实现某种活动的心理条件，所谓安全能力即自我保护能力。其中，"自我"即自己，"保护"即为尽力照顾，使之不受损害。幼儿自我保护能力就是指幼儿能尽力照顾自己，成功地使自己不受损害所必需的主观条件。其中，不受损害包括生理和心理两方面，也就是说，幼儿自我保护能力可以分为生理的自我保护和心理的自我保护两部分。总的来说，幼儿的安全意识和能力是指幼儿对安全的认识、理解和对周围环境中各种安全因素的敏感、判断及回避等自我保护能力，是保障幼儿自身生命安全、维护自身健康必备的基本能力。

三、学前儿童安全教育的意义

联合国教科文组织（UNESCO）国际教育委员会曾提出未来教育的四大支柱，即学会认知、学会做事、学会共同生活、学会生存。儿童应该成为一个可持续发展的人，一个清晰而有效的沟通者，自我指导的终身学习者，创造性和实际的问题解决者，负责任的和参与的公民，合作的和优秀的工作者，整体的且富有信息的思考者。而要扮演好这些角色，儿童自身的安全是重要的前提条件。儿童安全问题已成为社会各界所关注的儿童问题之一。作为联合国《儿童权利公约》成员国，按公约规定，我国18岁以下的任何人都应列为儿童，而学龄前阶段的儿童更是安全保护的对象。确立安全的意识，拥有安全的行为，切实保障每一个儿童的生命安全，不仅符合国际社会对儿童问题认识基本统一的发展趋势，也体现了中国重视儿童事业发展和我们应尽的国际义务。

（一）安全与生命

人最宝贵的是生命，生命属于我们只有一次。然而，在现实生活中，这仅有一次的生命却与无数次的安全隐患联系在一起，若忽视了安全，则会导致生命的丧失。生命既坚强无比，又脆弱得不堪一击，儿童的生命更显得弱小、稚嫩。儿童的弱小，是因其处于生命历程的开端，与生存环境之间的互动还只是刚刚开始，所以他们应对不了实际生活中的很多情境，任何危及儿童个体的外来刺激都关乎他们的生命安全。儿童的稚嫩，是因其骨骼、肌肉、器官及各系统的发育尚未完成，日常生活中的疏忽大意、失误便会造成身体的伤害。

生活是生命的存在形式，而珍惜生命是一种责任。对于发展中的儿童来说，这一责任是由养育者承担的。对自己的生命负责，对他人的生命负责，是生命最朴素的愿望。因此，珍惜生命，尊重生命，首先表现为对生命的保护。

（二）安全与家庭

个体从呱呱坠地到成人，一生都是在家庭的伴随下成长、发展的。尽管在个体不同的发展阶段，家庭对个体的影响作用不同，但是个体始终不会也不可能脱离家庭的影响、家长的保护而成长和发展。

1989年，联合国大会在通过的《儿童权利公约》（*Convention on the Rights of the Child*）中指出："深信家庭作为社会的基本单元，作为家庭的所有成员，特别是儿童的成长和幸福的自然环境，应获得必要的保护和协助，以充分负起它在社会上的责任。"1990年，世界儿童问题首脑会议在《儿童的生存、保护和发展世界宣言》（*World Declaration on the Survival, Protection and Development of Children*）中声明"家庭是儿童成长和幸福的基本群体和自然环境，应予以所有必要的保护和资助"；在《执行九十年代儿童生存、保护和发展世界宣言行动计划》（*Plan of Action for Implementing the World Declaration on the Survival, Protection and Development of Children in the 1990s*）中声明"社会的所有部门都应尊重和支持父母和其他监护人家庭环境中养育和关怀儿童的种种努力"。上述纲领性文件的表述，充分说明了儿童身体的生长、生命的保障、身心的安全与其所在的家庭是联系在一起的。家庭之于儿童的养育之重与儿童之于家庭的传承之重，都是不可或缺的。

（三）安全与社会

儿童是社会和谐的音符。和谐社会的构建关乎诸多方面，如经济发展的平衡、人与自然的共存、城乡发展的协调、人与人之间的和睦相处等。在此过程中，生命的安全是社会运动的重要条件。意外伤害的发生与社会的经济发展是同步的。在我国，意外伤害已成为严重的儿童安全问题，且由于我国的某些经济、文化、传统习俗的特点，儿童意外伤害的发生率较高。成长中的儿童既是社会关爱的对象，又是社会未来依靠的对象。所以，关注儿童的健康与安全，为儿童创造一个自由而和谐的生存空间，是当代社会的共同责任。

2002年，联合国儿童问题特别大会通过了《适合儿童生长的世界》（A World Fit for Children）的决议，进一步明确了在保健、教育等领域维护儿童权益，改善儿童生存条件的原则和目标。决议重申，要使所有儿童"都能在一个安全、有利的环境中获得充足的机会发展个人的能力""使儿童能够在安全和稳定的环境中，在快乐、关爱和理解的气氛中成长发展"。关爱儿童，珍视生命，既是当务之急，也是千秋大业。

第二节　学前儿童安全教育的目标与内容

学习目标

1. 能够列举学前儿童安全教育不同层次的目标；
2. 能够说出学前儿童安全教育的主要内容；
3. 能够积极运用学前儿童安全教育目标及内容理论展开活动设计分析。

一、学前儿童安全教育的目标

学前儿童安全教育目标是幼儿的身心发展应达到的健康水平预期结果，是学前儿童安全教育活动的出发点和归宿，它对幼儿的身体健康起规范作用，是科学开展安全教育活动的关键，是确定幼儿年龄阶段目标和具体活动目标的依据，也有利于对安全教育效果进行评价。学前儿童安全教育目标包括总目标、阶段目标和教育活动目标，总目标具有高度概括性和引领性，阶段目标是年龄目标的具体体现，教育活动目标则具有可操作性和具体性。

（一）学前儿童安全教育总目标

学前儿童安全教育总目标是学前儿童安全教育的最终目的，是制订所有安全教育活动目标的重要依据，为学前儿童安全教育提供正确的价值导向和方向性的引领。学前儿童安全教育总目标体现在幼儿园相关政策文件中。

《纲要》规定，幼儿园安全教育旨在提高幼儿的自我保护意识和能力，具体目标为：知道必要的安全保健常识，学会保护自己。

《指南》从安全知识和自我保护能力两方面，规定幼儿园健康领域幼儿发展的目标。其从与人交往的安全、活动或运动的安全、交通安全以及求助、防灾等角度提出了不同年龄阶段幼儿学习与发展的目标。

近年来，围绕学前儿童安全教育学习与发展的政策文本更加具体和详细，《纲要》对学前儿童安全教育总目标的表述与要求侧重教育的角度，而《指南》则更关注从幼儿学习的视角阐述与分析安全教育目标，这些都对学前儿童安全教育的具体实施有重要的引领作用。

（二）学前儿童安全教育阶段目标

学前儿童安全教育阶段目标是指以 3～6 岁幼儿身心发展特点为依据而确定的目标，它是在学前儿童安全教育总目标的指导下，对 3～6 岁每个阶段的学前儿童健康教育提出不同层次的要求，是对学前儿童健康教育总目标的具体化。阶段目标的确定能够帮助教师细化总目标，并更好地把握幼儿园健康领域教育的特点，为具体的健康活动设计提供依据。《指南》在健康领域中提出了要促使不同年龄阶段幼儿"具备基本的安全知识和自我保护能力"的目标，见表 5-1。

表 5-1 学前儿童安全教育阶段目标

目标	小班（3～4岁）	中班（4～5岁）	大班（5～6岁）
具备基本的安全知识和自我保护能力	1. 不吃陌生人给的东西，不跟陌生人走 2. 在提醒下能注意安全，不做危险的事 3. 在公共场所走失时，能向警察或有关人员说出自己和家长的名字、电话号码等简单信息	1. 知道在公共场合不远离成人的视线单独活动 2. 认识常见的安全标志，能遵守安全规则 3. 运动时能主动躲避危险 4. 知道简单的求助方式	1. 未经大人允许不给陌生人开门 2. 能自觉遵守基本的安全规则和交通规则 3. 运动时能注意安全，不给他人造成危险 4. 知道一些基本的防灾知识

二、学前儿童安全教育的内容

在《纲要》和《指南》的指导下，学前儿童安全教育内容涉及的范围较广泛，对于不同年龄段的幼儿，安全教育活动内容的侧重点也不同。根据知识传授特点的不同，学前儿童安全教育内容可分为交通安全、活动安全、生活安全、危险自救四个方面。

（一）交通安全

学前儿童交通安全教育是指成人运用多种教育形式帮助幼儿掌握基本的交通安全知识，养成遵守交通法规的习惯，使他们能够安全地乘车、走路，避免发生人身伤亡或财物损失。对幼儿实施交通安全教育对其健康成长具有重要意义。现代交通发达，现阶段交通事故已成为威胁幼儿生命安全的一大问题。幼儿走出家门首先遇到的就是交通安全问题，因此，对幼儿进行交通安全教育也是幼儿安全生活中的重要内容。幼儿认识基本的交通安全标志，知道简单的交通安全规则，对他们的自理能力和自信心发展也有重要意义。学前儿童交通安全教育的主要内容包括以下方面。

1. 认识常见交通标志，知道常见标志的基本含义

（1）交通标线。马路上，用漆画的不同颜色的线条是交通标线。道路中间长长的黄色或白色直线是车道中心线，用来分隔来往车辆，使它们互不干扰。中心线两侧的白色虚线是车道分界线，用来保证机动车和非机动车在各自车道上行驶。在路口四周有一根白线是停止线，红灯亮时，各种车辆应该停在这条线内。马路上用白色、斑马纹状的线条组成的区域就是人行横道线，用来让行人通行。

（2）隔离设施。交通隔离设施主要有行人护栏和绿化隔离带。行人护栏是用来保护

行人安全，防止行人横穿马路走入车行道和防止车辆闯入人行道的。绿化隔离带设在车行道上，用来阻隔机动车与非机动车。要告诉幼儿不要跨钻护栏或绿化隔离带，不要闯入车行道，否则有被车辆撞到的危险。

（3）交通信号灯。十字路口四面都有红、黄、绿三色交通信号灯，它被称为不出声的"交通警察"。红绿灯是国际通用的交通信号灯。在交叉路口，几个方向来的车都汇集在这儿，都要听从红绿灯指挥。红灯是停止信号，红灯亮，要停止直行和左转弯，在不妨碍行人和车辆的情况下，允许车辆向右转弯；绿灯是通行信号，绿灯亮，准许直行或转弯；黄灯是暂行信号，黄灯亮，车辆要停在路口停止线或人行横道线以内。

2. 形成交通安全意识，养成遵守交通规则的良好习惯

图 5-1　交通安全正确示范

（1）人车分流。交通道路上用各种交通标线画出车辆、行人应走的范围，机动车要走机动车道。在道路上，我们可以看到各式各样的交通标志。例如，警告标志是用来警告车辆、行人注意危险地段、减速慢行的标志，禁令标志是禁止或限制车辆或行人某种行为的标志，指示标志是指示车辆、行人行进的标志，指路标志是指明道路方向、地点、距离信息的标志，辅助标志是在主标志下对主标志起辅助说明的标志，等等。幼儿应该熟悉并爱护这些标志，自觉遵守相关规定，不能随意损坏或在上面乱涂乱画（图5-1）。

（2）安全走路。幼儿走在人来车往的交通繁忙的道路上，要遵守交通规则，增强自我保护意识。走路要走在人行道上，在没有人行道的地方，应靠道路右边行走。走路时思想要集中，不能东张西望，边走边玩耍，边走路边看书，也不能三五成群并排行走，乱过马路，更不能追赶车辆嬉戏打闹。不要在马路上踢球、奔跑、放风筝、做游戏。汽车不是一刹就能停的，不按交通指示灯乱穿马路十分危险，不少交通事故就是因为行人乱过马路造成的。一旦被来往车辆撞倒，后果非常严重（图5-2）。

图 5-2　交通安全错误示范

（3）不急穿马路。告诉幼儿急穿马路是很危险的。驾驶员眼睛看不到的地方被称为视线死角，要是有人在车前车后驾驶员的视线死角内急穿马路，就会造成车祸。所以过马路前要注意左右来往车辆，先向左看，后向右看，当看清没有来车后才可过马路。在人行横道和人

行天桥上行走，这样才比较安全。

（4）避让转弯的车辆。过马路时，除了注意来往直行的车辆外，还要注意躲避转弯行驶的车辆。当看到车辆方向灯闪时，人要离车辆远一些。千万不要以为让过了车头就没事了，人与车身靠得太近，也容易被车尾撞倒，发生伤亡事故。

（5）集体出行。幼儿集体外出活动时，要在成人带领下整好队伍，横列不宜超过两列，行进时靠右侧走在人行道上。要自觉遵守纪律，不随便离队，不互相追逐嬉闹，不在交通拥挤的地方集队、停留，以免影响人流、车辆通行。过马路时，应在人行横道上通过。绿灯时抓紧时间通过。如果队伍较长，安全通过有困难，可请交警协助通过。

（6）不玩车。告诉幼儿不能随便玩弄停在马路上的汽车，不能在道路中间拦车、追车、向车辆投掷石块，这些都是十分危险和不道德的行为，也容易造成事故。当发现这种不良行为时，应该及时提醒，大胆劝阻。

（7）乘车安全。要文明乘车，确保安全。等公共汽车时，应在站台上有秩序地候车，不要把汽油、爆竹等易燃易爆的危险品带入车内。车停稳后，让车上的人先下车，然后依次上车。上车后要主动买票。车辆行驶时要坐好或站稳，并抓住扶手，防止紧急刹车时摔倒。不能将身体的任何部分伸出车外，不能在车厢内大声叫嚷，做个文明的小乘客。下车后要注意安全，不要从车前车后突然窜出或猛跑过马路，以免发生伤亡事故。

扫码学习：
1. 小班交通安全活动"红绿灯"
2. 中班交通安全活动"安全乘坐公交车"
3. 大班交通安全活动"交通安全伴我行"

（二）活动安全

幼儿活动安全主要是指幼儿在幼儿园或日常家庭生活中参与集体活动或体育活动时自身和他人的安全。活动安全教育是保证幼儿健康成长的重要方面。幼儿的主要学习方式是进行各种各样的探索活动，只有掌握了基本的活动安全知识，幼儿的活动才能顺利地进行，才能保障幼儿的探索、学习活动顺利展开，这也是支持幼儿健康成长和持续发展必不可少的教育部分。学前儿童活动安全教育的主要内容包括以下方面。

1. 玩具安全

幼儿要知道玩滑梯时不拥挤，等前面的人滑到底离开后再往下滑；玩跷跷板时要抓紧扶手坐稳；玩大型玩具时要轻拿轻放，不用玩具打人；玩小型玩具时不把玩具放进嘴里、鼻孔里；活动中使用的剪刀、笔、跳绳等物品用完后要收好放整齐（图5-3）。

2. 着装安全

幼儿参与集体游戏或体育游戏时的着装问题是活动安全教育的重要方面。活动时衣服上不要别胸针、校徽、证件等；上衣、裤子口袋里不要装钥

图5-3　玩具安全

匙、小刀等坚硬、尖锐锋利的物品；不要佩戴金属或玻璃装饰物，头上不要戴发卡；近视的幼儿如果不戴眼镜可以参加体育活动，就尽量不要戴眼镜，如果必须戴眼镜，做动作时一定要小心谨慎，做垫上运动时，必须摘下眼镜；不穿塑料底的鞋或皮鞋，要穿球鞋或一般胶底布鞋；衣服要宽松合体，最好不穿纽扣多、挂饰多或有金属饰物的服装，有条件的应该穿着运动服（图5-4）。

扫码学习：
1. 小班活动安全活动"小剪刀真神奇"
2. 中班活动安全活动"四只小猫"
3. 大班活动安全活动"我是安全小达人"

图5-4　着装安全

（三）生活安全

幼儿生活安全是指幼儿掌握基本的生活安全知识，保证自身在各项活动中的安全不受威胁，没有危险、危害、损失。《纲要》中明确指出，幼儿园必须把保护幼儿的生命安全和促进幼儿的健康发展放在工作的首位。幼儿正处于个体生长发育的重要时期，有强烈的好奇心和探索欲望，在各种活动中体验、成长、发展。但是他们身体的各项机能还未发育成熟，对身边的各种事物缺乏准确的认识和判断。对幼儿进行基本的生活安全教育，可以帮助他们树立基本的安全意识，避免不必要的伤害发生。幼儿生活安全教育的主要内容包括以下方面。

1. 认识生活中常见的安全标志，知道基本的安全常识

教幼儿认识生活中常见的安全标志（图5-5）。告诉幼儿不能随便玩各种电器，不摸插座、插孔、电线；不用刀具剪电线，不用铁丝等连接插座；不擅自爬树、爬墙、爬窗台等；不在门边玩，不把手放在门缝、抽屉里；知道安全门的作用，注意门的反弹撞击；打雷下雨时要到建筑物下面避雨，不站在大树底下；不独自燃放烟花爆竹，别人燃放时要远离，保护好自己的耳朵；不逗弄危险动物，如蜜蜂、狗、蝎子、蜈蚣等。

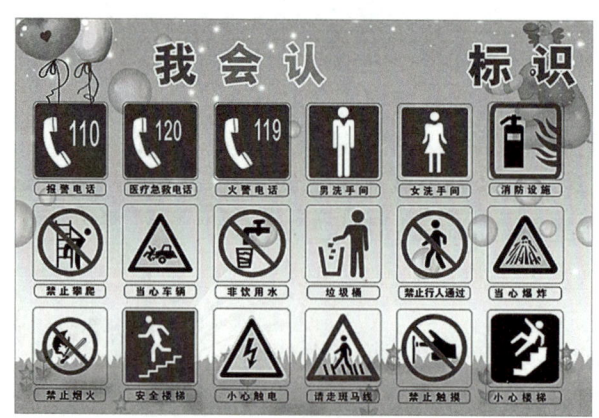

图5-5　常见的安全标志

2. 防触电

看到有人触电不能用手去碰触,更不能用手直接拉电线,可用木棍等不导电物体将电线挑开,或寻求成人帮助(图5-6)。

3. 防溺水

不私自到河边水塘玩耍、游泳;不要将脸闷在水中;看到有人失足落水知道寻求成人帮助(图5-7)。

图5-6 防触电

4. 防走失

不随便食用陌生人给的食物和饮品;不随便跟随陌生人走;独自在家时不给陌生人开门(图5-8)。

5. 食品卫生安全

不随便捡拾别人丢弃的东西;不食用不明来源的食物,不随便把物品放进嘴里;养成良好的饮食习惯,吃饭喝水时不嬉笑打闹;吃鱼时要把鱼刺挑干净,防止被鱼刺卡到;吃饭喝汤时要先试一下,不吃滚烫的食物;不在热水瓶、热汤锅附近追跑打闹,防止烫伤(图5-9)。

图5-7 防溺水

6. 用药安全

生病时要谨遵医嘱,在成人监督下服药,不随便吃药;知道120急救电话;认识防毒标志(图5-10)。

图5-8 防走失

扫码学习:
1. 小班生活安全活动"进出门"
2. 中班生活安全活动"开关门"
3. 大班亲子游戏活动"家庭安全伴我行"

图5-9 食品安全　　　图5-10 用药安全

（四）危险自救

幼儿危险自救是指幼儿在一个危险环境中，在没有他人的帮助下，靠自己的力量脱离险境。对幼儿进行自救教育是保证幼儿生命安全的基本策略。幼儿弱小，不知道如何自我保护，遇到危险不知道躲避，很多突发情况他们应对不了，有时甚至危及生命安全。因此，对幼儿进行自救教育的需求就变得非常迫切。教师帮助幼儿掌握基本的安全知识，使其知道在危急的情况下如何自救，不仅能够避免幼儿因缺乏安全知识而受到不必要的伤害，避免幼儿以身试险，而且可以使幼儿能在遇到紧急状况时运用正确的方法寻求帮助，保证自身的安全，这对于幼儿的生命安全具有重要的意义。幼儿应该了解基本的自救知识，获得应对意外事故的常识，掌握粗浅的求生技能，遇到危险时能够按照正确的方法寻求帮助并进行简单的处理。危险自救教育的主要内容包括以下方面。

1. 火灾自救

一旦身受火灾威胁，千万不要惊慌失措，要及时告知附近的大人，要冷静地确定自己所处位置并寻求有效措施，根据周围的烟、火光、温度等分析判断火势，不要盲目采取行动。自己被烟雾包围时，用湿毛巾捂住口鼻，并立即趴在地上，在烟雾下方前进。4岁以上的幼儿可以学习掌握消防装备及使用方法等。还可让幼儿进行灭火演练、火场逃生等方面的学习。另外，由于幼儿的动手能力较强，应教育他们不要玩火，不要破坏消防设施，不要玩弄灭火器等消防器材。要教育幼儿不随意拨打火警电话。

身处平房时，如果门的周围火势不大，应迅速离开火灾现场。身处楼房时，不要盲目乱跑，更不要跳楼逃生，这样会造成不应有的伤亡；可以躲到居室里或者阳台上，紧闭门窗，隔断火路，等待救援。有条件的可以不断向门窗上浇水降温，以延缓火势蔓延。如火势太猛，必须从楼房内逃生的，可以从二层处跳下，但要选择不坚硬的地面，并事先从楼上扔下被褥等增加地面的缓冲，然后再顺窗滑下，要尽量降低下落高度，做到双脚先落地。在有把握的情况下，可以将绳索（也可用床单等撕开连接起来）一头系在窗框上，然后顺绳索滑落到地面。

如身上衣物着火，可以迅速脱掉衣物，或者就地滚动，以身体压灭火焰，还可以就近取水将身上的火熄灭。总之，要尽量减少身体烧伤面积，减轻烧伤程度。火灾发生时，常会产生对人体有毒有害的气体，所以要预防烟毒，应尽量选择上风处停留或以湿毛巾捂严口、鼻，尽量屏住呼吸，降低身体高度前进。当被困在房间里时，要用湿被单堵住门缝，防止烟雾向室内蔓延（图5-11）。

图5-11　火灾自救

2. 地震自救

突然发生地震时，如果是在平房里，要迅速钻到床下、桌下，同时用被褥、枕头、脸盆等物护住头部，等地震稍停再尽快离开，转移到安全的地方。如果房屋倒塌，应待在床下或桌下，千万不要移动，要等到地震停止后再转移到室外或等待救援。如果住在楼房中，不要试图跑出楼外，因为时间来不及。最安全、最有效的办法是及时躲到两面承重墙之间的最小房间里，如厕所、厨房等，也可以躲在桌、柜等家具下面，以及房间内侧的墙角，并且注意保护好头部。千万不要去阳台和窗下躲避。

如果正在上课时发生了地震，不要惊慌失措，更不能在教室内乱跑或争抢外出。千万不能躲到桌子下面，可以以低姿势躲在课桌旁，课桌可以承受倒塌物品的重量，让人取得生存空间。如果乘车时遇到地震，要赶快离开车子。如果正在地下停车场，千万不要留在车内，要尽快离开车子，以卧姿躲在车旁，掉落的天花板压在车上，不致直接撞击人身，可能形成一处生存空间，从而增加存活概率。逃离时要远离建筑物，跑到空旷的地方去。如果正在街上，不能跑进建筑物中避险，也不要在高楼下、广告牌下、狭窄的过道、桥头等危险地方停留（图5-12）。

3. 避免雷击

打雷时尽快躲到室内，关闭门窗并避开有金属管道的地方。要关闭电视机、电脑，并拉下电闸。特别要小心的是，遇到雷电天气时，一定不能站立在高耸的物体（如旗杆、大树、烟囱、电线杆）下，不要靠近水面，不要用手机打电话，不要在高楼平台上逗留（图5-13）。

图5-12　地震自救

图5-13　避免雷击

4. 台风自救

台风袭来时，应尽量留在室内，避免外出；如果必须外出，应避开临时建筑物、广告牌、铁塔、大树等。如果乘车时遇到较强的台风，应让司机把车开到地下停车场或隐蔽处。注意关注台风动态，以便采取相应预防措施（图5-14）。

5. 防走失

教师要教幼儿学会说自己的名字、幼儿园的名称及父母的姓名、工作单位和家庭住址，并记住必要的电话号码。不要随便和陌生人讲话，不要陌生人的东西，不吃陌生人给的糖果、食物。幼儿独自在家时不随便给陌生人开门。遇到坏人时要大声叫喊，知道寻求警察的帮助。在公共场合要紧跟大人，不随意停留（图5-15）。

图 5-14 台风来了

图 5-15 找不到家了

扫码学习：
1. 小班危险自救活动"小兔乖乖"
2. 中班危险自救活动"紧急电话"
3. 大班危险自救活动"地震演练"

第三节　学前儿童安全教育的设计与指导

学习目标

1. 能够解释说明学前儿童安全教育活动设计的流程；
2. 能够使用适宜幼儿的方式组织开展安全教育活动；
3. 能够熟练设计并指导学前儿童安全教育活动。

一、学前儿童安全教育活动设计

学前儿童安全教育活动可让幼儿增强安全意识，提高自我保护能力。学前儿童安全教育活动具有一定的特殊性，它是指教师有计划、有目的地组织或安排专门时间，以提高幼儿安全意识和能力为核心目标的集体教育活动，一般包括安全教学活动和安全演练。

部分教师在设计和组织安全教育活动时思路不清，以致影响安全教育的效果表现有二：一是在活动设计方面，目标不明确，不能突出安全教育的特点，活动形式、内容和材料的选择也不太恰当；二是在活动组织方面，对体验讨论等环节的组织存在一些问题。因此，为了保证安全教育活动的效果，教师有必要在设计安全教育活动时对活动的目标形式、内容、方法等进行深入思考。

（一）活动目标

确定具体的安全教育活动目标时，要充分考虑安全教育的总目标，各年龄阶段幼儿的实际水平和发展特点，所选活动的教育价值、应用价值等方面内容。可以从认知、情感与态度、操作技能三方面提出目标。

认知目标表述的是幼儿有关安全知识以及认知能力方面的发展要求。具体表述可以用"了解安全用电常识""知道保护自己的方法"等。

情感与态度目标表述的是幼儿情感体验和能力发展，以及对安全教育活动的兴趣培养的要求。具体表述可以用"喜欢参与""体验乐趣""积极参加"等。

操作技能目标表述的是幼儿运用身体动作进行安全体验和表达技能方面的要求。具体表述可以用"学习一些简单的安全行为""培养能力、掌握技巧"等。

另外，在表述目标时，每一方面尽量分别阐述，避免交叉，但也应考虑突出重点，不必面面俱到。

安全教育活动目标的制定要重视幼儿安全认知的提升。研究发现，幼儿对于哪些行为会导致意外伤害事故的发生往往了解得比较多，而对意外伤害事故究竟是怎样发生的却很少有科学的了解。他们通常能够了解哪些行为是危险的，哪些事情是不能去做的，但是不了解为什么这些行为会导致意外伤害事故的发生。也就是说，幼儿的安全行为通常缺少相应的安全认知作为支撑。幼儿安全事故的发生与其缺少必要、科学的安全认知是相关的，因此，安全教育活动应该在注重培养幼儿安全行为的同时，合理地提升幼儿的安全认知，这有助于幼儿安全行为的养成。

案例分享

1. 小班安全教育活动"药片宝宝的话"活动目标：
① 了解药片是治病的，知道只有在生病时才需要吃药；
② 能把自己的想法用语言表达出来；
③ 懂得用错误方法吃药的危害，不能随便吃药。

2. 中班安全教育活动"鼻子出血怎么办"活动目标：
① 知道如果自己的鼻子出血如何应对；
② 遇到问题时，能不慌不忙地向成人求助；
③ 知道鼻子的作用和如何保护它。

3. 大班安全教育活动"雾霾的危害"活动目标：
① 了解气象灾害对人们生活的影响，知道雾霾的危害；
② 能在小组成员面前大胆表达自己的想法；
③ 对环境保护和文明习惯有一定的认识。

（二）活动内容

内容选择应以健康领域中的交通安全、活动安全、生活安全、危险自救等主题内容为主线，呈放射状地整合语言、社会、艺术、科学等其他领域活动内容，使其成为完成主线目标的辅助内容，形成有目的性的综合教育活动内容。

案例分享

以消防安全教育这一主题活动为例：首先，师幼一起讨论对消防安全感兴趣的任何内容，如消防演习有哪些步骤、怎样逃离火灾现场、有哪些消防用品等。接下来，在各种游戏活动中，幼儿可以亲身体验刚才讨论过的内容。在艺术活动中，幼儿根据录像或画册等自制一些消防用品，如灭火器、消防队员制服、灭火用的长长的水管等。制作完后，大家一起讨论这些东西各自的用途。幼儿自制的消防用品可作为角色游戏的道具，教师也可以为他们准备大量的道具，如由一个大纸箱和四把小椅子组成的消防车，消防队员的徽章等。

（三）活动重难点

教学活动重点是一次教学活动的重要目标，难点是对幼儿学习过程中可能出现的困难的预测。找出重点是为了突出、强化。找出难点是为了帮助、克服。

案例分享

1. 小班安全教育活动的重难点：

重点：不吃陌生人给的东西，不跟陌生人走；在提醒下能注意安全，不做危险的事。

难点：在公共场所走失时能向警察或有关人员说出自己和家长的名字、电话号码等简单信息。

2. 中班安全教育活动的重难点：

重点：知道在公共场合不远离成人的视线单独活动；认识常见的安全标志，能遵守安全规则。

难点：运动时能主动躲避危险；知道简单的求助方式。

3. 大班安全教育活动的重难点：

重点：未经大人允许不给陌生人开门；能自觉遵守基本的安全规则和交通规则。

难点：运动时注意安全，不给他人造成危险；知道一些基本的防灾知识。

（四）活动准备

教学活动准备包括活动过程中幼儿必需的知识经验、心理准备和教师教具准备等。

案例分享

1. 小班安全教育活动"药片宝宝的话"活动准备：

① 物质准备：药片宝宝、药瓶宝宝木偶各1个，师幼共同收集的药盒、药片，如含化片、药液瓶等，课件《不乱吃药》。

② 经验准备：幼儿已多次听过儿歌《小药片不乱吃》。

2. 中班安全教育活动"鼻子出血怎么办"活动准备：

装有醋、大蒜、花露水、酒的小瓶子各1个，课件《鼻子出血怎么办》。

3. 大班安全教育活动"雾霾的危害"活动准备：

① 物质准备：包含天气图卡，雾霾天气产生原因的图片的课件，天气视频，介绍雾霾的视频。

② 经验准备：幼儿对雾霾天气有一些了解和体验。

（五）活动过程

教师在组织安全教育活动时，如果某个环节把握不好，很可能会影响到安全教育活动的整体效果。因此，教师应密切注意活动流程，观察各个活动环节是否有利于达到活动目标，幼儿是否能积极参与活动，活动节奏是否流畅紧凑，各个环节间的过渡是否顺畅自然等，及时发现和解决问题，以使教育活动达到最佳效果。

案例分享

在角色游戏"灭火"中，一些幼儿在小房子里假装睡觉，另外一些幼儿扮演消防员。教师摇铃铛表示起火了，屋里的幼儿赶紧拨打火警电话，消防员穿上"消防衣"（雨衣），乘上"消防车"（玩具车），跨过地上的消防梯，拿着"灭火器"（喷水瓶）朝起火的房子喷洒。

（六）活动延伸

好的教育活动不是止于特定的某一次活动，而是一个长期、持续的过程。活动延伸的方法可以是家园共育、领域渗透、环境创设、区角活动等。

案例分享

如在大班安全教育活动"雾霾的危害"中，可以让幼儿回家后将雾霾的危害和自我保护方法告诉父母，并共同制作一张关于"保护环境"的小海报，汇集到一起制作成展板，在幼儿园向幼儿和家长进行宣传。

二、学前儿童安全教育活动指导

（一）指导原则

1. 科学性原则

各种社会媒介，如电视、广播、网络、报刊、书籍等形式的安全知识的传播，能帮助幼儿逐渐改变其不良的生活行为，以避免意外事故的发生。同时，家长的言传身教是幼儿行为塑造的重要手段，应当强调家长在教育中发挥的关键作用，以身作则，注意营造良好的安全生活环境。幼儿园要严格按照国家的相关规定，把安全教育纳入教育教学内容之中，对幼儿实施交通安全、饮食安全、使用设施安全和防火、防电、防中毒、防溺水、防雷击等方面的教育。

2. 主体性原则

有研究表明，导致悲剧发生的一个重要原因是幼儿欠缺安全防范知识、安全意识和

安全习惯，加之自我保护能力差。教育者加强对幼儿的保护固然重要，但加强对幼儿自我保护能力的培养才是解决问题的关键，这也是安全教育的要求。教师和家长应对幼儿加强行为规范的教育，培养他们独自应对环境、适应环境的能力。要启发和引导幼儿，让他们认识到什么是安全的、什么是不安全的，以及不安全的后果。要采用幼儿乐于接受的形式，使幼儿有兴趣接受教育。

3. 渗透性原则

预防伤害是一项社会性很强的系统工程，它需要全社会、全方位、全面性的协作。要有医学、行为学、环境学、教育学等多个学科，公安、司法、行政等多个部门的参与；要有幼儿、家长、教师、医生、心理学家、社会活动家、警察等的共同努力；还要有家长、相关管理人员、看护人员、教师的警觉性和责任心。唯有如此，才能做好幼儿伤害的防范和教育工作。

4. 发展性原则

学前教育阶段任何教育活动都应该从幼儿的发展需要出发，而安全教育与幼儿的各项活动息息相关，幼儿的一日生活离不开活动，因此，不论是教育目标的制定和教育内容的确定，还是教育方法的选择，都要以幼儿的实际情况与发展需要为出发点，同时要考虑幼儿的终身发展，促进幼儿在原有水平上得到发展。有人根据意外伤害流行病学模式提出了预防幼儿意外伤害的十项要点：预防危险因素的形成，减少危险因素的量，防止或减少危险因素的释放，减少危险因素释放率及空间分布，分离危险因素与受害人（从时间和空间等方面），利用屏障分离危险因素与受害人，降低危险因素的危险性，增强人对危险因素的抵抗力，加强处理伤害的快速反应能力，加强有效的急救治疗和康复治疗的能力。因此，幼儿安全教育应该根据实际情况实现转变。

（1）由急救型向预防型转变。在幼儿生活与学习环境发生改变时要特别予以关注，做好心理安全防范和事故防范工作。在日常生活中，要确保幼儿有一个安全的环境，保管好火种、煤气、农药、有毒药品和物品、烟花爆竹等其他危险品，对这些物品的购买、保管、使用、检查等环节都要做好安全防范工作，保证幼儿居家安全、校园安全、出行安全和社会安全。

（2）由封闭型向开放型转变。以往的安全教育存在教师主导、较随意地进行的状况。安全教育必须改变只由教师在幼儿园里进行的状况，可以采取多种形式，利用园内外的诸多资源，对幼儿进行生动、活泼、具体、有效的安全教育。

（3）由纪念日型向经常型转变。除了节假日、特别日的安全教育以外，要对幼儿进行饮水安全、饮食安全、交通安全、用电安全、游泳安全、游戏安全、消防安全、活动安全、园舍安全、设施安全等长效性、经常性的教育。

（4）由常规型向探索型转变。要提高幼儿安全教育和健康保护的科技含量，建立健全预警系统，培养社会、学校、家庭和幼儿对不安全事件的快速反应能力，提高全社会的避难能力和救护能力。

（5）由简单报道型向正面引导型转变。媒体应从客观的角度对幼儿安全事故予以报道，探究原因和教训，减少对幼儿的不良暗示和误导，提高幼儿的判断能力、选择能力和明辨是非的能力。

（二）指导方法

1. 对照比较法

对一些危险性不大的活动，可鼓励幼儿大胆体验，逐步找出最佳的行为保护方法。如玩皮球时，把幼儿分成两组，一组不提任何要求，让幼儿自己玩耍；另一组则按教师提出的要求玩皮球。幼儿通过比较两种不同的玩球体验，会逐渐懂得只有遵守游戏规则，才能玩得尽兴，玩得有趣，不会撞倒碰伤，不会出安全事故。

2. 讨论法

讨论法是指教师引导幼儿根据活动要求和自己对活动的理解，提出问题，发表自己的见解，使其主动参与的方法。这种方法能有效地帮助幼儿表达自己的真实想法，能鼓励幼儿对他人的思想加以评价，从而提高幼儿辨别是非的能力。同时，这也是教师及时了解与掌握幼儿学习知识与技能的情况，促进幼儿积极思维，提高幼儿自我分析与自我评价能力的方法。教师可以利用幼儿生活中的所见所闻以及经常发生的事件，给幼儿进行实例分析，让他们知道什么事情（动作）是可以做的，什么事情（动作）是不可以做的，让他们知道一些引起危害的原因，也让他们学习一些简单的自救动作和方法。

3. 游戏法

游戏法是指幼儿在教师指导下进行有规则的安全游戏活动以实现教学的方法。游戏法通常有一定的情节和竞赛成分，内容、形式多种多样，能有效激发幼儿参与活动的兴趣，充分发挥幼儿的主动性、创造性和独立性，发展幼儿的智力和培养幼儿良好的品德，是幼儿较为喜欢的一种方法。教师可以通过游戏的形式模拟各种意外事故发生的情境，让幼儿学会在特定情况下的操作动作，培养其安全意识和自我保护能力。如通过角色扮演模拟发生火灾的情境，让幼儿掌握自救的动作、方法和技能。

（三）注意事项

1. 交通安全教育的注意事项

（1）将交通安全教育渗透到日常生活中。幼儿一日生活每时每刻都涉及交通安全问题。因此，教师要将交通安全教育渗透到一日生活的各个环节。不仅要利用集体教学活动的机会帮助幼儿认识基本交通安全标志，知道基本交通规则，还要在日常生活和活动中抓住点滴机会对幼儿进行交通安全教育。例如，将常见的交通安全标志张贴在班级墙壁上，帮助幼儿识记其基本含义；有集体出行的活动时要抓住机会针对交通安全问题对幼儿进行现场讲解、示范。

（2）采用幼儿喜爱的活动形式。幼儿的学习特点是在活动中感受、体验。教师要将交通安全教育的内容与游戏的形式结合起来，将交通安全的知识融合在游戏情境中，使识记和学习的过程变得生动有趣。幼儿园也要积极地同社区相关机构紧密合作，提高幼儿的交通安全意识。例如，可以请交警到幼儿园为幼儿讲解交通安全标志的含义和基本交通规则，使幼儿树立安全第一的意识。幼儿园要加强与家长的沟通，充分发挥家长的教育作用。家长应当抓住与幼儿一起外出的机会，适时地对幼儿普及交通安全知识，并帮助幼儿养成遵守交通规则的好习惯。

2. 活动安全教育的注意事项

（1）为幼儿营造安全的活动环境。幼儿一日活动的主要场所是幼儿园，因此，幼儿园要保证给幼儿提供的玩具、图书、工具等都是符合安全标准的，还要做好各种固定设施的安全监测工作，保证幼儿的活动能够在一个安全、稳定的环境中进行。

（2）加强幼儿活动规则教育。教师在日常活动中要抓住教育时机，对幼儿进行活动规则教育。每一项活动都有自己独特的活动特点和活动要求，这就涉及活动安全问题。教师要根据幼儿的特点，将这些规则及身体保护知识传授给幼儿，使幼儿掌握基本的身体保护知识，既保证自身安全又不伤害他人，保证活动顺利进行。

（3）发挥家长作用。家长是幼儿生活的主要教育者，教师在幼儿园将正确的活动规则和身体保护知识教给幼儿，家长也要根据幼儿的特点和需要对幼儿进行教育，并监督他们的行为。当家长发现幼儿的活动不符合规则时，要及时纠正，当他们能够很好地保护自己的身体并遵守规则时，家长要鼓励他们坚持自己的正确行为。

3. 生活安全教育的注意事项

（1）从幼儿的实际出发。幼儿生活安全教育要从幼儿动作发展、认知发展及生活经验积累等方面的特点出发。加强幼儿对周围环境中潜在危险的认识，提高其预见性和自我保护技能，能够减少意外伤害发生，提高生命质量。幼儿因其发展的特殊性，不能及时预见危险，有时虽已察觉到危险，但不能及时反应并有效控制动作而导致意外的发生，比如烫伤和溺水。对幼儿来说，不仅看似十分危险的物体能构成身体威胁，而且那些原本并不一定存在威胁，但有一定使用要求的物体也有潜在危险，比如小而光滑的果冻、玻璃球等。各种各样的意外是对成人和幼儿的不定期警告，幼儿生活安全教育应当抓住契机，根据幼儿的发展特点，有针对性地进行。

（2）家庭和社会广泛参与。在幼儿生活安全教育方面，不仅托幼机构的教育教学活动组织者要负起责任，家长和社会也要积极参与，为幼儿提供健全、缜密的安全防护体系和制度保障。教师应当加强与家庭的联系，与家长的沟通和社区资源的共享等都是幼儿园安全教育顺利进行的前提条件。例如，幼儿园应详细记录幼儿监护人的联系方式并留心联系人的信息变化，联系人也应主动将自己新的联系方式告知幼儿园。

（3）及时记录。将可预见的事故信息记录在幼儿园（家庭）预防事故记录本上，并放置在教师（家长）最方便看到的地方，以便随时提醒注意。

（4）各领域全面渗透。综合运用多种方法进行生活安全教育，不能仅仅通过幼儿园的集体安全教育活动进行，要将安全工作渗透到各个领域，将安全教育和其他的教育结合起来。例如，可以将生活安全教育同美术活动结合，通过手工制作、绘画的方式让幼儿了解基本安全标志的含义。同时，在选择教育方法时也要考虑幼儿的年龄特点，综合运用榜样法、激励法、讲解法、示范法等，提高幼儿学习的效率。

4. 危险自救教育的注意事项

（1）充分发挥环境的教育作用。环境在幼儿教育中起着潜移默化的作用，直观的形象对幼儿起着积极的影响作用。因此，应为幼儿营造一个安全的教育环境，让幼儿在环境中逐步认识到安全的重要性，并学习在遇到危险时如何自救。例如，教师可以将基本的自救方法绘制成生动形象的图片、挂画，悬挂在幼儿园的走廊和教室内，还可以和幼儿一起制作不同的安全标志符号牌装饰教室。各班可以通过创建区角的方式，将消防知识、防震知识融入幼儿的游戏中，将自救知识渗透进幼儿的日常生活中，增强幼儿的安全自救意识。

（2）运用游戏的方式提高幼儿的自救能力。游戏是幼儿学习的重要方式，也是幼儿最喜欢的形式之一。教师要利用这一有效形式加强幼儿安全教育，将安全知识融汇到游戏过程中，使幼儿在潜移默化的过程中学会并掌握安全知识。例如，可以将火灾自救知识和幼儿角色游戏结合起来，在这一过程中，教师将正确的自救方式告知幼儿，幼儿因为身处情境中，能够更好地掌握火灾自救知识并加以练习。

（3）发挥幼儿园和家长的双重作用，提高幼儿自救能力。教师和家长应当同步对幼儿进行教育，这样才能够使幼儿的安全教育处于一个连贯的系统之中，切实为幼儿的成长营造安全教育的氛围，从而增强其安全意识。在幼儿园中，教师可以对幼儿进行系统的安全教育，教授幼儿基本的求生技能。家长应在日常生活中抓住适当时机巩固幼儿学习的自救知识。例如，教师可以邀请家长参与幼儿安全教育活动，请家长帮助幼儿巩固对基本知识的掌握，并监督幼儿的日常行为。

扫码学习：
1. 小班健康活动"五彩的小糖豆"
2. 中班健康活动"户外运动的安全"
3. 大班健康活动"我在运动会上穿什么"

 行动研修

参考答案

一、简答题

1. 简述学前儿童安全教育的概念。
2. 选择学前儿童安全教育内容时需要注意哪些方面？

二、分析题

分析以下学前儿童安全教育活动目标设置是否合理。若不合理，应如何修改？

活动一：大班活动"十字路口"

1. 尝试了解各种不同的交通标志，正确表达它们各自的作用；
2. 体验游戏的快乐，乐于遵守交通规则；
3. 有初步的自我保护意识。

活动二：大班活动"防火安全我知道"

1. 感受火灾的威胁以及火灾带来的危害；
2. 简单了解火灾扑救的方法，懂得预防火灾的基本知识；
3. 初步掌握几种逃生自救的方法及技能，提高自我保护能力。

三、实践题

请设计一个幼儿园大班安全教育活动方案，要求环节体现设计意图、活动目标、活动过程。

课后学习指导

拓展阅读

家庭教给孩子的安全知识

1. 防止意外教育

孩子都喜欢登高爬低,虽然他们对高处也有恐惧,但好动与好奇又常使他们在玩耍中忘了危险。家长要常提醒孩子,不去危险的地方,不做危险的动作。如不要从滑梯上快速跳下来,不要在双杠上随便放手,不要到处乱爬等。当出现危险倾向时,要严厉制止。在室外活动时,要让孩子知道躲避汽车。不要在小区的马路中间玩,不要在横穿马路时猛跑,要告诉孩子汽车开过来后躲避的方式。当汽车过来时,家长不要只想着抱起孩子,最好是牵着孩子的手,避到近侧的路边,让孩子能亲身体验该怎么办。

2. 防走失教育

在孩子刚学会说话时就要告诉他家庭地址、家长的姓名、自己的名字,再大一点,最好能让孩子知道家长的电话和单位。当孩子在小区里玩耍时,家长应在边上看护,如果临时有事不得不离开,也要托付可靠的人,并告诉孩子不能跟不认识的人走,即使是熟人,在家长不在的情况下,也不能跟着离开。

3. 防止伤人教育

孩子在小区里会跟相熟的小朋友一起玩。孩子在游戏中常不知轻重,有时就会伤着对方或被对方伤害。要教育孩子尊重生命的观念,平时讲故事时灌输这方面的内容。要告诉孩子不能拿石头、棍子打人,也不能用手指戳对方的眼睛,不要用力推倒小朋友,不要咬小朋友等。当然,也应该让孩子知道避开他人的攻击,要告诉孩子不和拿棍子的小朋友玩,如小朋友动手时要挡开他,使他不能抓伤、捅伤自己。

4. 分清鲁莽和勇敢

崇尚勇敢精神是孩子的共性。但是孩子尚小,往往不清楚什么是勇敢,什么是鲁莽。特别是不少动画片打打杀杀的镜头颇多,"英雄人物"又常常具有超人能力,可以刀枪不入,凌空飞行。孩子理解能力差,看到这些镜头会认为是可行的而盲目模仿。因此,如果电视中的"英雄人物"做了什么勇敢之举,要告诉孩子这是不应该学的。如果孩子鲁莽地要做什么危险的事,要及时想办法阻止,并妥善处理。

第六章

学前儿童生活习惯养成和生活能力教育

内容导读

党的二十大报告指出，我们深入贯彻以人民为中心的发展思想，在幼有所育上持续用力。现代学前儿童健康教育的主要目的是培养幼儿的健康意识和自我保健能力，促进其身体发育、健康成长。其中，自我保健能力即生活习惯和生活能力，是指科学地认识、养护和锻炼身心的能力。良好的生活习惯是幼儿身体健康的前提和保证。幼儿身体生长迅速，性格可塑性强，学前期既是养成良好生活习惯的关键时期，又是沾染不良习惯的危险期。因此，教师和家长要经常关注幼儿的生活习惯，及时指出不良的生活习惯，帮助幼儿习得健康的生活习惯。对于学前儿童生活习惯养成和生活能力教育的认识，需要打破局限于生活技能和行为习惯养成的教育模式，建立以健身为主、全面育人的价值观和目标观，发展幼儿的综合素质。学前儿童生活习惯养成和生活能力教育是人类生存的重要内容，是幼儿生存和健康发展的重要基础。

 精彩回放

生活作息习惯教育
1. 小班健康活动"小猫乖乖睡午觉"
2. 中班健康活动"我不会再迟到啦"
3. 大班健康活动"早睡早起身体棒棒"……………………………93

生活卫生习惯教育
1. 小班健康活动"鳄鱼先生爱刷牙"
2. 中班健康活动"我会擦屁屁啦"
3. 大班健康活动"我爱洗澡澡"……………………………………95

生活自理能力教育
1. 小班健康活动"干干净净吃点心"
2. 中班健康活动"我会用筷子"
3. 大班健康活动"整理书包我最强"………………………………96

生活习惯养成和生活能力教育活动
1. 小班健康活动"穿脱衣服我能行"
2. 中班健康活动"保卫牙齿"
3. 大班健康活动"我会叠被子"……………………………………100

第一节　学前儿童生活习惯养成和生活能力教育概述

> **学习目标**
>
> 1. 能够陈述学前儿童生活习惯以及生活自理能力的概念；
> 2. 领会学前儿童生活习惯养成和生活能力教育的意义；
> 3. 形成科学的学前儿童生活习惯养成和生活能力教育意识。

一、学前儿童生活习惯养成和生活能力教育的概念

（一）幼儿作息习惯

习惯是积久养成的生活方式，泛指某一群体、组织、民族或国家（地区）的风俗、社会习俗、道德传统和行为模式等，是不同群体普遍遵守的行为习惯或行为模式。作息指起居、劳作与歇息。幼儿生活作息习惯指幼儿在日常生活中形成的关于起居、活动和休息的相对固定的时间安排，对幼儿来说，这是条件反射建立、巩固直至自动化的结果。

（二）幼儿生活卫生习惯

生活习惯是指一个人在日常的衣食住行活动中，由于日积月累的不断重复而形成并巩固下来变成需要的行为方式。幼儿生活卫生习惯指幼儿在日常生活中形成的符合卫生要求的基本生活方式和行为方式。

（三）幼儿生活自理能力

幼儿生活自理能力是指幼儿在日常生活中形成的照料自己生活的自我服务性劳动能力，是幼儿独立在社会上生活最基本的能力。生活自理能力是幼儿适应自然、适应社会的表现，也是独立性的重要方面。

二、学前儿童生活习惯养成和生活能力教育的意义

（一）有利于促进幼儿身体健康

生活习惯养成和生活能力教育与健康相互影响。一个人的健康需要以良好的生活习惯和生活自理能力为前提，而良好的生活习惯和生活自理能力又能保证人的健康状态。人们对幼儿的健康问题常常存在某些认识上的偏差。例如，认为让幼儿吃好就是健康了，只要幼儿不生病就等于健康了，而不会把个人的生活习惯和生活自理能力与健康联系起来。其实，幼儿身体的生长发育情况、健康状况，除客观因素的影响之外，很大程度上与他们已经形成或正在形成的某些习惯有关。因此，从培养生活习惯和生活自理能力入手，收获的不仅仅是习惯，更重要的是健康。

（二）有利于促进幼儿认知发展

幼儿生活习惯和生活自理能力与认知发展的关系十分密切。要帮助幼儿形成良好的生活习惯和生活自理能力，就必须让他们学习有关的知识。例如，为让幼儿养成每天都

刷牙的习惯，可以选择演示食醋泡鸡蛋的实验。这样的活动既帮助幼儿理解了刷牙习惯的重要性，又可以使幼儿在认识的指导下练习相应的行为，以至形成习惯。因此，幼儿学习和养成习惯的过程也是其认知发展的过程。

（三）有利于促进幼儿良好个性形成

幼儿个性的培养与幼儿园的一日活动是同一个过程。生活习惯养成和生活能力教育虽不那么惊天动地，但它需要持之以恒地进行。幼儿的年龄特点决定了他们的行为有时是自觉的，但更多的时候是不自觉的，需要毅力和自信心的支撑。所以，将生活习惯养成和生活能力教育与造就良好的个性品质统一在幼儿身上，无疑是有重要意义的。

第二节　学前儿童生活习惯养成和生活能力教育的目标与内容

学习目标

1. 能够阐述学前儿童生活习惯养成和生活能力教育的目标；
2. 熟知学前儿童生活习惯养成和生活能力教育的内容以及注意事项；
3. 能够运用学前儿童生活习惯养成和生活能力教育目标及内容理论进行活动设计。

一、学前儿童生活习惯养成和生活能力教育目标

学前儿童生活习惯养成和生活能力教育目标是幼儿的生活习惯和生活自理能力发展应达到的教育结果，是学前儿童生活习惯养成和生活能力教育活动的出发点和归宿，它对生活习惯养成和生活能力教育起规范作用，是科学开展生活习惯养成和生活能力教育活动的关键，有利于生活习惯养成和生活能力教育效果的评价。学前儿童生活习惯养成和生活能力教育目标包括总目标和阶段目标。《纲要》《指南》提及的生活习惯养成和生活能力教育的目标与发展特点，为教师分析幼儿生活习惯养成和生活能力的发展情况提供了依据。

（一）学前儿童生活习惯养成和生活能力教育总目标

《指南》健康领域包含幼儿生活习惯与生活能力的发展。总目标为：具有良好的生活与卫生习惯，具有基本的生活自理能力，具备基本的安全知识和自我保护能力。一方面，执行常规，养成良好的生活习惯，并知道良好生活习惯对自身健康的意义。获得良好的餐饮习惯、卫生盥洗习惯、睡眠习惯、排泄习惯、活动与学习习惯及相应的健康认知。另一方面，运用已有的经验主动形成健康行为，保护自己。能关注与了解自身发育情况，获得身体保健的常识与技能。养成个人生活自理能力，能主动参与集体生活的自主管理，并获得安全常识与技能。良好的生活与卫生习惯是幼儿维护和促进自身健康的积极方式和重要途径，而习惯必须从小培养，学前阶段正是良好习惯形成的重要时期。

（二）学前儿童生活习惯养成和生活能力教育阶段目标

《指南》从幼儿学习的角度，针对学前儿童年龄阶段的特点提出了更为详细的生活习惯养成和生活能力教育目标体系与具体要求（表6-1）。

表6-1 幼儿生活习惯与生活能力阶段目标

维度	目标	小班（3～4岁）	中班（4～5岁）	大班（5～6岁）
生活习惯与生活能力	具有良好的生活与卫生习惯	1. 在提醒下，按时睡觉和起床，并能坚持午睡 2. 喜欢参加体育活动 3. 在引导下，不偏食、挑食。喜欢吃瓜果、蔬菜等新鲜食品 4. 愿意饮用白开水，不贪喝饮料 5. 不用脏手揉眼睛，连续看电视等不超过15分钟 6. 在提醒下，每天早晚刷牙、饭前便后洗手	1. 每天按时睡觉和起床，并能坚持午睡 2. 喜欢参加体育活动 3. 不偏食、挑食，不暴饮暴食。喜欢吃瓜果、蔬菜等新鲜食品 4. 常喝白开水，不贪喝饮料 5. 知道保护眼睛，不在光线过强或过暗的地方看书，连续看电视等不超过20分钟 6. 每天早晚刷牙、饭前便后洗手，方法基本正确	1. 养成每天按时睡觉和起床的习惯 2. 能主动参加体育活动 3. 吃东西时细嚼慢咽 4. 主动饮用白开水，不贪喝饮料 5. 主动保护眼睛。不在光线过强或过暗的地方看书，连续看电视等不超过30分钟 6. 每天早晚主动刷牙，饭前便后主动洗手，方法正确
	具有基本的生活自理能力	1. 在帮助下能穿脱衣服或鞋袜 2. 能将玩具和图书放回原处	1. 能自己穿脱衣服、鞋袜、扣纽扣 2. 能整理自己的物品	1. 能知道根据冷热增减衣服 2. 会自己系鞋带 3. 能按类别整理好自己的物品
	具备基本的安全知识和自我保护能力	1. 不吃陌生人给的东西，不跟陌生人走 2. 在提醒下能注意安全，不做危险的事 3. 在公共场所走失时，能向警察或有关人员说出自己和家长的名字、电话号码等简单信息	1. 知道在公共场合不远离成人的视线单独活动 2. 认识常见的安全标志，能遵守安全规则 3. 运动时能主动躲避危险 4. 知道简单的求助方式	1. 未经大人允许不给陌生人开门 2. 能自觉遵守基本的安全规则和交通规则 3. 运动时能注意安全，不给他人造成危险 4. 知道一些基本的防灾知识

二、学前儿童生活习惯养成和生活能力教育内容

学前儿童生活习惯养成和生活能力教育的内容涉及面广，主要包括以下三个方面：生活作息习惯、生活卫生习惯、生活自理能力。这三个方面的内容主要是要帮助幼儿形成良好的生活作息习惯，同时，关注幼儿良好卫生习惯的养成，使其保持自身的整洁、卫生，拥有一定的独立性和独立生活能力。

（一）生活作息习惯

1. 知道良好生活作息的重要性

合理的生活作息是指根据幼儿的年龄特点和生理特点分配幼儿一天中活动、休息、进餐、睡眠的时间和顺序。生活作息有规律有助于幼儿的身体发育和健康，只有认识到良好作息习惯的重要性，才有可能帮助他们养成合理的作息习惯。

2. 养成合理的作息习惯

（1）起居安排。幼儿要知道充足睡眠的重要性，并保证必需的睡眠时间，知道应当按

刷牙的习惯，可以选择演示食醋泡鸡蛋的实验。这样的活动既帮助幼儿理解了刷牙习惯的重要性，又可以使幼儿在认识的指导下练习相应的行为，以至形成习惯。因此，幼儿学习和养成习惯的过程也是其认知发展的过程。

（三）有利于促进幼儿良好个性形成

幼儿个性的培养与幼儿园的一日活动是同一个过程。生活习惯养成和生活能力教育虽不那么惊天动地，但它需要持之以恒地进行。幼儿的年龄特点决定了他们的行为有时是自觉的，但更多的时候是不自觉的，需要毅力和自信心的支撑。所以，将生活习惯养成和生活能力教育与造就良好的个性品质统一在幼儿身上，无疑是有重要意义的。

第二节 学前儿童生活习惯养成和生活能力教育的目标与内容

学习目标

1. 能够阐述学前儿童生活习惯养成和生活能力教育的目标；
2. 熟知学前儿童生活习惯养成和生活能力教育的内容以及注意事项；
3. 能够运用学前儿童生活习惯养成和生活能力教育目标及内容理论进行活动设计。

一、学前儿童生活习惯养成和生活能力教育目标

学前儿童生活习惯养成和生活能力教育目标是幼儿的生活习惯和生活自理能力发展应达到的教育结果，是学前儿童生活习惯养成和生活能力教育活动的出发点和归宿，它对生活习惯养成和生活能力教育起规范作用，是科学开展生活习惯养成和生活能力教育活动的关键，有利于生活习惯养成和生活能力教育效果的评价。学前儿童生活习惯养成和生活能力教育目标包括总目标和阶段目标。《纲要》《指南》提及的生活习惯养成和生活能力教育的目标与发展特点，为教师分析幼儿生活习惯养成和生活能力的发展情况提供了依据。

（一）学前儿童生活习惯养成和生活能力教育总目标

《指南》健康领域包含幼儿生活习惯与生活能力的发展。总目标为：具有良好的生活与卫生习惯，具有基本的生活自理能力，具备基本的安全知识和自我保护能力。一方面，执行常规，养成良好的生活习惯，并知道良好生活习惯对自身健康的意义。获得良好的餐饮习惯、卫生盥洗习惯、睡眠习惯、排泄习惯、活动与学习习惯及相应的健康认知。另一方面，运用已有的经验主动形成健康行为，保护自己。能关注与了解自身发育情况，获得身体保健的常识与技能。养成个人生活自理能力，能主动参与集体生活的自主管理，并获得安全常识与技能。良好的生活与卫生习惯是幼儿维护和促进自身健康的积极方式和重要途径，而习惯必须从小培养，学前阶段正是良好习惯形成的重要时期。

（二）学前儿童生活习惯养成和生活能力教育阶段目标

《指南》从幼儿学习的角度，针对学前儿童年龄阶段的特点提出了更为详细的生活习惯养成和生活能力教育目标体系与具体要求（表6-1）。

表6-1　幼儿生活习惯与生活能力阶段目标

维度	目标	小班（3～4岁）	中班（4～5岁）	大班（5～6岁）
生活习惯与生活能力	具有良好的生活与卫生习惯	1.在提醒下，按时睡觉和起床，并能坚持午睡 2.喜欢参加体育活动 3.在引导下，不偏食、挑食。喜欢吃瓜果、蔬菜等新鲜食品 4.愿意饮用白开水，不贪喝饮料 5.不用脏手揉眼睛，连续看电视等不超过15分钟 6.在提醒下，每天早晚刷牙、饭前便后洗手	1.每天按时睡觉和起床，并能坚持午睡 2.喜欢参加体育活动 3.不偏食、挑食，不暴饮暴食。喜欢吃瓜果、蔬菜等新鲜食品 4.常喝白开水，不贪喝饮料 5.知道保护眼睛，不在光线过强或过暗的地方看书，连续看电视等不超过20分钟 6.每天早晚刷牙、饭前便后洗手，方法基本正确	1.养成每天按时睡觉和起床的习惯 2.能主动参加体育活动 3.吃东西时细嚼慢咽 4.主动饮用白开水，不贪喝饮料 5.主动保护眼睛。不在光线过强或过暗的地方看书，连续看电视等不超过30分钟 6.每天早晚主动刷牙、饭前便后主动洗手，方法正确
	具有基本的生活自理能力	1.在帮助下能穿脱衣服或鞋袜 2.能将玩具和图书放回原处	1.能自己穿脱衣服、鞋袜、扣纽扣 2.能整理自己的物品	1.能知道根据冷热增减衣服 2.会自己系鞋带 3.能按类别整理好自己的物品
	具备基本的安全知识和自我保护能力	1.不吃陌生人给的东西，不跟陌生人走 2.在提醒下能注意安全，不做危险的事 3.在公共场所走失时，能向警察或有关人员说出自己和家长的名字、电话号码等简单信息	1.知道在公共场合不远离成人的视线单独活动 2.认识常见的安全标志，能遵守安全规则 3.运动时能主动躲避危险 4.知道简单的求助方式	1.未经大人允许不给陌生人开门 2.能自觉遵守基本的安全规则和交通规则 3.运动时能注意安全，不给他人造成危险 4.知道一些基本的防灾知识

二、学前儿童生活习惯养成和生活能力教育内容

学前儿童生活习惯养成和生活能力教育的内容涉及面广，主要包括以下三个方面：生活作息习惯、生活卫生习惯、生活自理能力。这三个方面的内容主要是要帮助幼儿形成良好的生活作息习惯，同时，关注幼儿良好卫生习惯的养成，使其保持自身的整洁、卫生，拥有一定的独立性和独立生活能力。

（一）生活作息习惯

1.知道良好生活作息的重要性

合理的生活作息是指根据幼儿的年龄特点和生理特点分配幼儿一天中活动、休息、进餐、睡眠的时间和顺序。生活作息有规律有助于幼儿的身体发育和健康，只有认识到良好作息习惯的重要性，才有可能帮助他们养成合理的作息习惯。

2.养成合理的作息习惯

（1）起居安排。幼儿要知道充足睡眠的重要性，并保证必需的睡眠时间，知道应当按

刷牙的习惯，可以选择演示食醋泡鸡蛋的实验。这样的活动既帮助幼儿理解了刷牙习惯的重要性，又可以使幼儿在认识的指导下练习相应的行为，以至形成习惯。因此，幼儿学习和养成习惯的过程也是其认知发展的过程。

（三）有利于促进幼儿良好个性形成

幼儿个性的培养与幼儿园的一日活动是同一个过程。生活习惯养成和生活能力教育虽不那么惊天动地，但它需要持之以恒地进行。幼儿的年龄特点决定了他们的行为有时是自觉的，但更多的时候是不自觉的，需要毅力和自信心的支撑。所以，将生活习惯养成和生活能力教育与造就良好的个性品质统一在幼儿身上，无疑是有重要意义的。

第二节 学前儿童生活习惯养成和生活能力教育的目标与内容

学习目标

1. 能够阐述学前儿童生活习惯养成和生活能力教育的目标；
2. 熟知学前儿童生活习惯养成和生活能力教育的内容以及注意事项；
3. 能够运用学前儿童生活习惯养成和生活能力教育目标及内容理论进行活动设计。

一、学前儿童生活习惯养成和生活能力教育目标

学前儿童生活习惯养成和生活能力教育目标是幼儿的生活习惯和生活自理能力发展应达到的教育结果，是学前儿童生活习惯养成和生活能力教育活动的出发点和归宿，它对生活习惯养成和生活能力教育起规范作用，是科学开展生活习惯养成和生活能力教育活动的关键，有利于生活习惯养成和生活能力教育效果的评价。学前儿童生活习惯养成和生活能力教育目标包括总目标和阶段目标。《纲要》《指南》提及的生活习惯养成和生活能力教育的目标与发展特点，为教师分析幼儿生活习惯养成和生活能力的发展情况提供了依据。

（一）学前儿童生活习惯养成和生活能力教育总目标

《指南》健康领域包含幼儿生活习惯与生活能力的发展。总目标为：具有良好的生活与卫生习惯，具有基本的生活自理能力，具备基本的安全知识和自我保护能力。一方面，执行常规，养成良好的生活习惯，并知道良好生活习惯对自身健康的意义。获得良好的餐饮习惯、卫生盥洗习惯、睡眠习惯、排泄习惯、活动与学习习惯及相应的健康认知。另一方面，运用已有的经验主动形成健康行为，保护自己。能关注与了解自身发育情况，获得身体保健的常识与技能。养成个人生活自理能力，能主动参与集体生活的自主管理，并获得安全常识与技能。良好的生活与卫生习惯是幼儿维护和促进自身健康的积极方式和重要途径，而习惯必须从小培养，学前阶段正是良好习惯形成的重要时期。

（二）学前儿童生活习惯养成和生活能力教育阶段目标

《指南》从幼儿学习的角度，针对学前儿童年龄阶段的特点提出了更为详细的生活习惯养成和生活能力教育目标体系与具体要求（表6-1）。

表6-1 幼儿生活习惯与生活能力阶段目标

维度	目标	小班（3～4岁）	中班（4～5岁）	大班（5～6岁）
生活习惯与生活能力	具有良好的生活与卫生习惯	1. 在提醒下，按时睡觉和起床，并能坚持午睡 2. 喜欢参加体育活动 3. 在引导下，不偏食、挑食。喜欢吃瓜果、蔬菜等新鲜食品 4. 愿意饮用白开水，不贪喝饮料 5. 不用脏手揉眼睛，连续看电视等不超过15分钟 6. 在提醒下，每天早晚刷牙、饭前便后洗手	1. 每天按时睡觉和起床，并能坚持午睡 2. 喜欢参加体育活动 3. 不偏食、挑食，不暴饮暴食。喜欢吃瓜果、蔬菜等新鲜食品 4. 常喝白开水，不贪喝饮料 5. 知道保护眼睛，不在光线过强或过暗的地方看书，连续看电视等不超过20分钟 6. 每天早晚刷牙、饭前便后洗手，方法基本正确	1. 养成每天按时睡觉和起床的习惯 2. 能主动参加体育活动 3. 吃东西时细嚼慢咽 4. 主动饮用白开水，不贪喝饮料 5. 主动保护眼睛。不在光线过强或过暗的地方看书，连续看电视等不超过30分钟 6. 每天早晚主动刷牙、饭前便后主动洗手，方法正确
	具有基本的生活自理能力	1. 在帮助下能穿脱衣服或鞋袜 2. 能将玩具和图书放回原处	1. 能自己穿脱衣服、鞋袜、扣纽扣 2. 能整理自己的物品	1. 能知道根据冷热增减衣服 2. 会自己系鞋带 3. 能按类别整理好自己的物品
	具备基本的安全知识和自我保护能力	1. 不吃陌生人给的东西，不跟陌生人走 2. 在提醒下能注意安全，不做危险的事 3. 在公共场所走失时，能向警察或有关人员说出自己和家长的名字、电话号码等简单信息	1. 知道在公共场合不远离成人的视线单独活动 2. 认识常见的安全标志，能遵守安全规则 3. 运动时能主动躲避危险 4. 知道简单的求助方式	1. 未经大人允许不给陌生人开门 2. 能自觉遵守基本的安全规则和交通规则 3. 运动时能注意安全，不给他人造成危险 4. 知道一些基本的防灾知识

二、学前儿童生活习惯养成和生活能力教育内容

学前儿童生活习惯养成和生活能力教育的内容涉及面广，主要包括以下三个方面：生活作息习惯、生活卫生习惯、生活自理能力。这三个方面的内容主要是要帮助幼儿形成良好的生活作息习惯，同时，关注幼儿良好卫生习惯的养成，使其保持自身的整洁、卫生，拥有一定的独立性和独立生活能力。

（一）生活作息习惯

1. 知道良好生活作息的重要性

合理的生活作息是指根据幼儿的年龄特点和生理特点分配幼儿一天中活动、休息、进餐、睡眠的时间和顺序。生活作息有规律有助于幼儿的身体发育和健康，只有认识到良好作息习惯的重要性，才有可能帮助他们养成合理的作息习惯。

2. 养成合理的作息习惯

（1）起居安排。幼儿要知道充足睡眠的重要性，并保证必需的睡眠时间，知道应当按

时就寝、按时起床，形成按时睡觉、起床的良好习惯（图6-1）。

（2）定时就餐。幼儿能够在成人的提醒下按时就餐、饮水，养成定时就餐的习惯。

（3）活动安排。知道每天在相对固定的时间参加体育活动或集体活动。

扫码学习：
1. 小班健康活动"小猫乖乖睡午觉"
2. 中班健康活动"我不会再迟到啦"
3. 大班健康活动"早睡早起身体棒棒"

图6-1　按时睡觉

（二）生活卫生习惯

1. 洗手的基本方法

首先，幼儿需要了解何时需要洗手：接触眼、鼻及口前；进食及处理食物前；如厕后；当手被呼吸道的分泌物污染，如打喷嚏及咳嗽后；触摸过公共物件，如电梯扶手、升降机按钮及门柄后；处理被染污的物件后。其次，幼儿要了解并掌握正确洗手的五个步骤：湿、搓、冲、捧、擦。

湿：在水龙头下把手淋湿，擦上肥皂或洗手液。

搓：手心、手背、手指相对揉搓至少20秒，手心相对，手指并拢相互摩擦；手心对手背沿指缝相互搓擦，交换进行；掌心相对，双手沿指缝相互交叉、摩擦；一只手握另一手大拇指旋转摩擦，双手交叉进行；弯曲双手指关节，一手在另一手掌心旋转搓擦，交换进行；搓洗手腕，交换进行。

冲：用清水把手冲洗干净。

捧：用清水将水龙头冲洗干净，再关闭水龙头。

擦：用干净的毛巾、纸巾将手擦干，或用烘干机烘干（图6-2）。

图6-2　正确洗手

2. 刷牙的基本方法

要保持口腔卫生，保护好牙齿，最好的办法是每天坚持早晚刷牙，饭后漱口。正确的刷牙方法有竖行刷牙法和横颤竖向移动刷牙法。

竖行刷牙法是一种比较合理的刷牙方法，其基本步骤如下：首先，使牙刷毛斜向牙龈，靠近牙龈，并稍加压力，然后使牙刷毛顺着牙缝的方向刷。刷上牙时，要由上向下刷；刷下牙时，要从下往上刷；刷上下磨牙、双尖牙的咬合面时，要将牙刷按在咬合面上，向前向后来回刷。

横颤竖向移动刷牙法是一种更为合理的刷牙方法。首先使牙刷斜向牙龈，牙刷毛紧贴在牙龈上，做向前向后的平行颤动，牙刷毛基本上是在原来的位置上颤，这样既可以使它充分地按摩牙龈，又不会损伤牙龈组织。然后，刷头顺着牙缝的方向移动，移动

图6-3 正确刷牙

的同时继续做水平方向的颤动,刷毛在颤动过程中很好地深入到牙缝里边去,起到剔除牙缝中牙垢的作用。刷上下牙时的移动方向同竖刷法一样,但在刷上下前牙里侧时牙刷要横放,以便刷毛颤动。横颤竖向移动刷牙法补充了竖刷法的不足,是当前较为优选的刷牙法(图6-3)。

3. 穿脱、整理衣服的习惯

幼儿要注意着装卫生,衣服脏了要及时更换,能够根据季节变化和天气情况适量增减衣物,掌握基本的穿、脱、叠、放衣物的技能(图6-4)。

4. 保持玩具清洁

幼儿在活动结束后能够将玩具、书籍放回原来位置,摆放整齐,不在书籍上乱涂乱画,不毁坏、涂抹玩具,能够保持玩具、书籍的整洁(图6-5)。

5. 关心周围环境的卫生

幼儿应有基本的公共环保意识,积极参与力所能及的公共环境清洁卫生活动(图6-6)。遵守基本的公共卫生准则,不随地大小便,不随地吐痰,不乱丢果皮纸屑,不破坏公共卫生设施。与人交往时懂礼貌讲文明,不打扰他人。同时,加强幼儿的环境生态教育,让他们懂得环保的重要性,知道生活环境污染对人体的危害,增强保护生态环境和野生动植物的意识,从而主动保护环境。

图6-4 穿脱衣服

图6-5 整理玩具

图6-6 打扫卫生

6. 掌握正确的坐站行睡,阅读、书写姿势

(1)正确的坐姿:上身挺直、收腹、下颌微收,下肢并拢。如有可能,应使膝关节略高出臀部。

(2)正确的站姿:沿身体中心线(从头部中心延伸经过颈、肩、臀、膝及脚底)保持平衡,将身体重量均匀分布在双脚上,达到体重与姿态的平衡。

(3)正确的走姿:应从容、平稳,走直线。走路时应当身体直立、收腹直腰、两眼平视前方,双臂放松在身体两侧自然摆动,脚尖微向外或向正前方伸出,跨步均匀,两脚之间相距约一只脚到一只半脚,步伐稳健,步履自然,要有节奏感。起步时,身体微向前倾,身体重心落于前脚掌。行走中,身体的重心要随着移动的脚步不断向前过渡,而不要让重心停留在后脚,并注意在前脚着地和后脚离地时伸直膝部。

（4）正确的睡姿:双腿弯曲,向右侧卧睡,不露肩,不蒙头。

（5）正确的阅读姿势:身体坐直,头放正,肩放平,把书拿起来,眼睛离书本一尺远。

（6）正确的书写姿势:身体坐正,书本放平,手离笔尖一寸,眼离书本一尺,胸离桌边一拳（图6-7）。

图6-7 正确的书写姿势

扫码学习:
1. 小班健康活动"鳄鱼先生爱刷牙"
2. 中班健康活动"我会擦屁屁啦"
3. 大班健康活动"我爱洗澡澡"

（三）生活自理能力

1. 进餐

培养幼儿独立进餐的能力,帮助他们学会使用主要的餐具,保持基本的进餐礼仪,进餐时保持愉快情绪。同时,培养幼儿基本的饮食卫生习惯,对于挑食的幼儿可以在日常生活中多和他们讲一讲各种蔬菜对身体的好处,身体的成长离不开各种食物等。引导幼儿从不爱吃到少吃,最后到爱吃,使幼儿身体健康得到良好的发展（图6-8）。

2. 盥洗

指导幼儿掌握正确的洗手、洗脸方法（图6-9）,逐步学会自己洗脸、洗手,便后主动洗手,并养成早晚刷牙的好习惯。

图6-8 进餐

图6-9 洗脸

3. 整理衣着

培养幼儿学会穿脱衣服,养成整理衣服的习惯。尽量自己穿脱衣服、鞋袜（图6-10）,学习收拾、整理衣服和床铺。教师要充分发挥幼儿的积极性和自主性,同时注意发挥同伴的榜样作用，培养他们的自理能力。

4.学习用具整理

指导幼儿保持个人卫生，自己整理个人物品、玩具、图书等。将活动中使用的玩具、图书、工具等放回原处，摆放整齐，并保持玩具清洁（图6-11）。

图6-10　穿鞋　　　　　　图6-11　整理玩具

扫码学习：
1. 小班健康活动"干干净净吃点心"
2. 中班健康活动"我会用筷子"
3. 大班健康活动"整理书包我最强"

第三节　学前儿童生活习惯养成和生活能力教育的设计与指导

学习目标

1.能够解释说明学前儿童生活习惯养成和生活能力教育活动设计流程及注意事项；
2.能够运用所学知识进行学前儿童生活习惯养成和生活能力教育活动的设计；
3.对学前儿童生活习惯养成和生活能力教育活动设计感兴趣，能积极开展相应活动。

一、学前儿童生活习惯养成和生活能力教育活动设计

像其他的活动设计一样，学前儿童生活习惯养成和生活能力教育活动的设计也需要从目标、准备、内容、过程及评价五个方面进行把握。

（一）活动目标

学前儿童生活习惯养成和生活能力教育着力于培养幼儿良好的作息、盥洗、整理物品等生活习惯；帮助幼儿了解基本的卫生常识，学会多种卫生技能，养成良好的生活、学习及卫生习惯；帮助幼儿逐步学会用餐、盥洗、整理等自理方法，提高幼儿的生活自理能力。每一方面能力培养的教育活动在实施前一般都有确定的目标，即使是生成性的活动，教师心中也要有设想好的目标。在活动开展过程中，有经验的教师还应根据幼儿的反应随时调整目标。

案例分享

1. 小班生活习惯教育活动"润肤霜,喷喷香"活动目标:
① 了解润肤霜的用途和抹润肤霜的好处,学习抹润肤霜的正确方法;
② 知道天冷时和洗手后要抹润肤霜保护皮肤;
③ 喜欢和同伴一起快乐地学习、游戏。
2. 中班生活习惯教育活动"轻轻地打喷嚏"活动目标:
① 理解儿歌内容,感知文学作品的幽默风趣;
② 知道对着别人打喷嚏是一件不卫生、不礼貌的事情;
③ 掌握正确的打喷嚏方法。
3. 大班生活能力教育活动"我会系鞋带"活动目标:
① 初步掌握系鞋带和蝴蝶结的正确方法;
② 能够按照步骤图学习系蝴蝶结的正确方法;
③ 学会自己能做的事自己做,增强自理能力。

(二)活动内容

活动内容选择应以健康领域中的生活习惯以及自理能力活动为主线,根据活动目标,考虑幼儿身心发展特点、知识经验的序列性,注重内容的科学性、趣味性、时代性等方面,呈放射状地整合语言、社会、艺术、科学等其他领域活动内容,使其成为完成主线目标的辅助内容,形成有目的性的综合教育活动内容。

 案例分享

培养幼儿良好生活作息习惯的活动:"小熊爱睡午觉了";
培养幼儿良好生活卫生习惯的活动:"讲卫生的嘟嘟熊";
培养幼儿生活自理能力的活动:"我会系鞋带";
提高中班幼儿生活自理能力的活动环节:设计穿脱衣服比赛。

(三)活动重难点

教学活动重点是一次教学活动的重要目标,难点是对幼儿学习过程中可能出现的困难的预测。换句话说,重点是针对目标和内容而言,难点是针对幼儿而言。找出重点是为了突出、强化,找出难点是为了帮助、克服。

 案例分享

1. 小班生活能力教育活动"我会自己吃饭"重难点:
重点:掌握正确进餐的方法。
难点:能独立正确地进餐。

2. 中班生活习惯教育活动"轻轻打喷嚏"重难点：

重点：通过故事感受对着他人打喷嚏是不礼貌、不卫生的行为。

难点：掌握擤鼻涕、打喷嚏时捂住口鼻的正确方法。

3. 大班生活习惯教育活动"食物的旅行"重难点：

重点：了解人体主要消化器官的作用。

难点：初步了解食物在人体消化吸收的过程。

（四）活动准备

1. 教师的准备

教师的准备主要包括三个方面：一是物质的准备，即在活动开展前准备好活动需要的教具、玩具等；二是环境创设的准备，包括座位摆放、环境布置、情境表演、角色扮演等；三是知识经验的准备，即关于幼儿生活习惯和生活能力的关键经验、发展特点及实施要求的储备情况。

2. 幼儿的准备

幼儿的准备主要包括三个方面：一是生活经验的准备，如有自理的兴趣等；二是物质的准备，如幼儿自己动手制作的材料；三是心理的准备，如对活动内容有一定的了解。

 案例分享

1. 小班生活习惯教育活动"小嘴干净人人夸"活动准备：

① 材料准备：餐巾纸若干，镜子每人1面，嘟嘟熊、跳跳虎头饰各1个，儿歌《小嘴干净人人夸》。

② 情景准备：事先排练好情景剧《跳跳虎学擦嘴》，由配班老师扮演嘟嘟熊，由大班幼儿扮演跳跳虎。

2. 中班生活能力教育活动"如厕我会这样做"活动准备：

① 经验准备：幼儿已有自己擦屁股的经验。

② 材料准备：录音机，娃娃哭的录音，屁股上涂了土黄色糨糊的塑料玩具娃娃2个，教师示范用卫生纸1份（涂有少许黄色糨糊），卫生纸每人2份，干净的垃圾3个（供幼儿扔卫生纸用），儿歌《如厕我会这样做》。

3. 大班生活习惯教育活动"胃的小闹钟"活动准备：

① 经验准备：幼儿已了解膳食宝塔的含义。

② 材料准备：小闹钟图片3幅，《我的一日配餐》空白表，食物图片（馒头、豆包、燕麦、牛奶、豆浆、香肠、米饭、排骨、西兰花、鱼、小米粥等）、水彩笔若干。

（五）活动过程

1. 有效导入，唤起幼儿的生活体验

恰当的活动导入不仅可以吸引幼儿的注意，激发幼儿的活动兴趣，而且为教师了解幼儿的已有经验提供帮助。要发挥导入环节的最大效用，意味着要保证导入环节能够唤起幼儿的生活体验，与幼儿的生活建立密切联系，只有这样才会激发幼儿的兴奋点。如小班健康活动"我会漱口"，通过简短的故事《去小熊家做客》进行情境导入。教师借用小熊的口吻引导幼儿照镜子观察自己的牙齿，接着请幼儿吃饼干，让牙齿变黑后再引导幼儿观察自己的牙齿。通过对比让幼儿感受吃完东西不漱口的后果，让幼儿懂得漱口的必要性，从而愿意漱口，为后面活动的顺利开展做好铺垫。

2. 逐层展开，引发幼儿参与的兴趣

围绕幼儿生活习惯和生活能力的关键经验，依照心理逻辑顺序展开活动过程。如围绕"保护牙齿"主题，可以开展"牙齿切碎机"活动，帮助幼儿认识牙齿，了解牙齿的名称和部位；"龋齿的形成"活动，帮助幼儿知道保护牙齿的重要性；"如何漱口""怎样刷牙""牙齿加油站"活动，帮助幼儿了解牙齿健康生长所需的营养；"如何预防牙列不齐"活动，帮助幼儿了解良好的用牙习惯；"我的牙掉了"活动，帮助幼儿了解和正确对待换牙现象。通过一系列活动的开展，帮助幼儿养成坚持每天用正确的方法刷牙的习惯，掌握保护牙齿、预防龋齿的方法，初步形成关注牙齿健康的意识，养成保护牙齿的好习惯，为其一生能拥有一副健康整洁的牙齿打下基础。

案例分享

小班生活能力教育活动"不露小肚皮"活动过程：

首先进行有效导入，以布娃娃没塞好衣服而肚子疼的故事唤醒幼儿塞衣裤的原有经验，有助于教师再次了解不同幼儿有关这一经验的不同表现。对小班幼儿来说，他们对动作要领所涉及的身体部位或许还不熟悉，所以，有必要特别设计这一环节来加深他们对身体部位的认识，以便接下来活动的开展。

随后活动逐层展开。学习塞衣裤的步骤和方法，引进新经验。讲解塞衣裤的步骤，教师连续采用了两种演示方法（图示和榜样），更加深了幼儿的感性认识。随后幼儿尝试在儿歌的提示下自己塞衣裤，并请幼儿在镜子前照一照。幼儿在一对一的指导中对自己塞衣裤的行为习惯有了更加切身的体会。

最后拓展新经验，让幼儿知道腹部外露会受凉生病。以幼儿熟悉的律动游戏结束，能够增强幼儿从游戏中获得的愉悦体验，更能进一步体验和同伴共同生活、学习与游戏的乐趣。

（六）活动延伸

学前儿童生活习惯和自理能力教育活动如果只停留在促进幼儿生活习惯认知和能力培养，而不激发幼儿情感是不够的。良好生活习惯的养成和自理能力的提升非一朝一夕之功，也不是通过某一个活动就能形成的。因此，生活习惯和自理能力教育活动延伸设计是不可或缺的一环。活动延伸的方式多种多样，例如：将游戏或其他形式的活动融入一日生活的各个环节之中，让幼儿继续学习巩固活动中所体现的生活习惯和自理能力；利用家庭、社区条件，培养幼儿良好习惯，锻炼其自理能力。

案例分享

大班生活能力教育活动"叠被子"活动延伸：

① 以年级组为单位开展叠被子比赛，让幼儿通过比赛巩固叠被子的方法，增强自信，提高自我服务能力。② 在日常生活中对每个幼儿进行观察，发现他们在叠被子中出现的困难和问题，有针对性地进行个别帮助。

扫码学习：
1. 小班健康活动"穿脱衣服我能行"
2. 中班健康活动"保卫牙齿"
3. 大班健康活动"我会叠被子"

二、学前儿童生活习惯养成和生活能力教育活动指导

《幼儿园工作规程》（以下简称《规程》）中明确规定："幼儿园日常生活组织，应当从实际出发，建立必要、合理的常规，坚持一贯性和灵活性相结合，培养幼儿的良好习惯和初步的生活自理能力。"学前儿童生活习惯养成和生活能力教育是以幼儿为主体，以幼儿生活实践活动为主要实施内容，以保教结合为手段，通过日常生活活动、教学活动、区域活动等途径，开展有计划、有目的、有组织的教育活动。其主要目的是使幼儿知道生活的基本知识和技能，养成良好的生活卫生习惯，预防疾病的发生，有效促进幼儿身体各系统健康发育，同时引导幼儿自觉选择健康的生活方式，从而提高生活质量。为此，在生活作息习惯教育、卫生习惯教育、生活自理教育三个方面有以下注意事项。

（一）生活作息习惯教育的注意事项

1. 循序渐进并坚持不懈

幼儿的作息习惯养成并不是一蹴而就的，而是一个漫长而持续的过程，需要教师、家长不断地坚持和努力。在学前期，幼儿的身体、心理都有很大发展。幼儿进入幼儿园就进入了成长的重大变化期。作息习惯方面，幼儿从刚进园时不能适应集体的作息制度，到最后养成了与大家一致的作息时间，这一过程是漫长的，也是不断进步的，不论是针对幼儿作息习惯的养成还是其他学习习惯的培养，都要坚持不懈遵循循序渐进的原则。

2. 家园合作

幼儿良好生活作息习惯的养成是幼儿园、家庭相互作用的结果。幼儿能否养成良好的生活作息习惯，很大程度上取决于家庭教育和幼儿园教育的合作程度。幼儿在幼儿园的作息时间安排一般都是相对固定且符合幼儿发展特点的，家长为幼儿制订作息时间安排时，应当尽量和幼儿园保持一致。在一个相对一致的环境中，幼儿的作息习惯可以得到巩固。

（二）卫生习惯教育的注意事项

1. 成人要为幼儿树立榜样作用

幼儿的卫生习惯养成是一个长期而持续的过程，很多的习惯是幼儿在日常生活中自发习得的，成人也是幼儿的主要模仿对象和学习榜样。因此，无论是教师还是家长，都应当不断学习生活卫生知识，改善自己的生活卫生习惯。这样不仅能够将正确的卫生习惯知识和观念教给幼儿，还能为幼儿的日常学习提供好的观摩对象。

2. 综合利用多种教育形式

健康教育应渗透于幼儿生活的各个环节中。幼儿园的教育活动是教师有目的、有计划地以多种形式引导幼儿生动、活泼、主动活动的教育过程。健康教育的形式是多种多样的，可以是教师精心设计的集体健康教学活动，也可以是游戏、区角活动。教师要抓住一日生活中出现的教育时机，针对具体问题进行讲解、演示，这样才能更有效地帮助幼儿养成良好的生活卫生习惯。

3. 给幼儿反复实践的机会

由于年龄的特点，很多行为幼儿不可能像成人那样一学就会。因此，教师无论在态度上还是在方式上，都要有足够的耐心，给幼儿反复实践的机会。在习惯的养成上更不能急于求成，不能因为幼儿的学习速度慢而斥责他们。教师应当遵循循序渐进的原则，利用各种游戏、集体教育活动等形式，让幼儿不断地学习、反复地练习，使良好的行为习惯在反复的实践中得到强化，最终使幼儿养成良好的生活卫生习惯。

4. 关注幼儿的年龄特点，保育与教育相结合

幼儿园日常生活卫生教育需要保育与教育活动同时进行。幼儿进入幼儿园一般是3岁，还不能独立掌握清洁、卫生的基本方法，绝大多数活动需要在教师的帮助下进行。此阶段主要通过保育的手段使幼儿养成良好的生活卫生习惯。中班、大班幼儿教育内容增多，教育难度增大，要将保育与教育结合起来，使幼儿掌握基本的卫生知识，并能够养成良好的卫生习惯。

（三）生活自理教育的注意事项

1. 提高幼儿的自我服务能力

学前期是幼儿独立性发展的关键阶段，幼儿已有了最初的自我概念，其自主性明显增强，开始出现"我能""我可以""我自己来"等自我独立意向，喜欢自己去尝试。自我服务能力的培养是提高幼儿独立性的主要途径。因此，成人应该抓住幼儿独立性形成和发展的敏感期，掌握必要的教育策略与要点，让幼儿的独立需求得到满足，避免过度依赖的形成。首先，要支持幼儿的自我独立性意向，学会尊重幼儿，包容幼儿尝试自己做事时带来的混乱。其次，要明辨正误、耐心帮助、激发兴趣，在日常活动中提供幼儿独立活动的机会和场所。最后，在幼儿语言发展的关键时期，必要的语言指导不可少，要督促幼儿，及时提供语言上的指导。

2. 综合运用多种教育形式

生活自理能力涉及幼儿的全部生活，要充分运用各种方式对幼儿实施生活自理教育。可以利用游戏活动培养幼儿的生活自理能力。游戏是幼儿最喜爱的一种活动，在幼儿一日活动中，除结合教学内容对幼儿进行生活习惯的培养外，还要抓住幼儿好玩的心理特点，把洗手、穿鞋、收拾玩具等内容编成不同形式的游戏，使幼儿在轻松有趣的游戏活动中，主动地去想、去动、去干，在游戏中较好地掌握一些基本技能。例如，可以利用"娃娃家"的游戏形式，锻炼幼儿有序地穿脱衣服的技能。在游戏的过程中，幼儿

了解衣服各部位的名称，如衣领、衣袖、裤腿、纽扣等，并练习每一部位的基本穿法。经过反复练习，幼儿会很快掌握穿脱衣服的方法。在区角设置上，给幼儿一个固定的小空间，让幼儿学习自己管理自己的小天地。让他们学会自己的事情自己做，能够自主地安排自己的小世界。

3. 家园要求一致

无论是家庭还是幼儿园，对幼儿的要求都要保持一致，统一思想认识，讲究方式方法，这样才能取得事半功倍的效果。有了一致性还要有一贯性，良好的习惯需要长期保持，家长不能因为幼儿做事情的速度慢、质量差，就包办本应幼儿自己做的事情，这样做只会使幼儿为以后不认真做事留下借口。所以合理的要求一经提出，就应坚持不懈，持之以恒。

参考答案

 行动研修

一、名词解释

1. 幼儿生活作息习惯
2. 幼儿生活卫生习惯
3. 幼儿生活自理能力

二、简答题

1. 简述学前儿童生活习惯养成和生活习惯教育的意义。
2. 简述学前儿童生活习惯养成和生活习惯教育的总目标。
3. 简述学前儿童生活习惯养成和生活习惯教育的内容。
4. 简述学前儿童生活习惯养成和生活习惯教育活动设计的流程。
5. 简述学前儿童生活习惯养成和生活习惯教育活动的注意事项。

三、案例分析题

请分析以下学前儿童生活习惯养成或生活能力教育活动目标设置是否合理。若不合理，应如何修改？

活动一：小班活动"小猪去春游"

1. 知道常见的健康食物都有哪些；
2. 能够辨别常见的健康食物和油炸食物，自觉做到少吃油炸食品；
3. 初步养成良好的饮食习惯。

活动二：中班活动"神奇的大口袋"

1. 进一步了解食物在人体内的消化过程；
2. 通过情境体验和集体讨论的方法，懂得细嚼慢咽、定时适量进餐有益身体健康；
3. 尝试用肢体动作表现食物在人体内的消化过程，感受主动探究人体奥秘的乐趣。

四、实践题

设计一个学前儿童生活习惯养成或生活能力教育活动，并撰写详细教案，要求设计环节体现设计意图、活动目标、活动重难点、活动过程、活动延伸。

第六章 学前儿童生活习惯养成和生活能力教育

  课后学习指导

拓展阅读

学前儿童生活习惯养成和生活能力教育的途径

学前儿童生活习惯养成和生活能力教育是健康教育的组成部分。充分利用各种有效的途径，采用多种方法，有目的、有计划地组织实施教育活动，才能取得良好的效果。

学前儿童生活习惯养成和生活能力教育的内容是具体的，因而实施教育的途径也是多方面的。它可以通过较正式的教育活动进行，但更多的是借助灵活的、分散的日常生活环节来进行。

一、课程

教师可以在课程教学的过程中，将有关生活习惯养成和生活能力教育的内容适时、适宜地纳入其中。幼儿则可以在学习、体验和完成课程学习的过程中，获取有关生活习惯和生活自理能力方面的知识。

二、游戏活动

教师可以根据教育内容的需要，以文学、艺术作品和游戏为载体，利用情境表演、角色扮演、听故事、念儿歌等活动形式，对幼儿进行生活习惯和生活自理能力方面的教育。这样能在愉悦的氛围中，变讲道理、说教为幼儿喜欢的游戏，让幼儿从中获得浅显的知识，知道是什么、为什么和怎么做。

三、日常活动

生活习惯养成和生活能力教育与幼儿园其他教育相比，具有烦琐、细小的特点。而行为习惯的养成对于幼儿来说也非一蹴而就，它需要积极的引导、持续的要求、反复的练习。在实施过程中，应当把生活习惯养成和生活能力教育与幼儿园的全部教育形式和活动环节结合起来。幼儿园一日生活中的主要生活环节有：晨（午、晚）检、进餐、睡眠、盥洗、如厕、学习活动、游戏和户外活动等。可以在这些环节中渗透生活习惯和生活能力教育。

（一）晨（午、晚）检

在幼儿早晨起床或入园时，午睡起床或晚间入睡前（寄宿制幼儿园），应检查幼儿卫生习惯、观察幼儿的精神状态及衣着整洁情况，日复一日，使幼儿逐渐养成良好的生活习惯和生活自理能力。

（二）进餐

幼儿进餐时应安静、愉快，保持良好的秩序。有的幼儿园用播放轻音乐的形式来营造美好的环境氛围。让幼儿知道，吃饭前要洗手，吃饭时要细嚼慢咽，掉在地上的食物不要捡起来再吃，并且让幼儿学会独立进餐。

（三）睡眠

睡眠对于幼儿的生长发育极为重要，良好的睡眠习惯可以提高睡眠的质量。好的睡眠习惯包括：按时入睡，睡得好，按时起床；要有正确姿势，双腿弯曲，向右侧卧睡；用鼻子呼吸，冬天要掖好被子，不露肩，不蒙头睡觉，不睡沙发床，等等；自己整理床铺、被褥，按顺序穿脱衣服、鞋袜，衣服脱下后叠放在固定的地方。

（四）盥洗

盥洗不仅能使幼儿的皮肤保持清洁，增强抵抗力，使幼儿养成爱清洁、讲卫生的好习惯，而且是培养幼儿健康行为和自理能力的一个重要方面。良好的盥洗习惯要从小做起，包括：早晚及午睡后用流动水和香皂洗净身体的裸露部分；饭前、便前、便后、手脏时能主动洗手，随时保持清洁；饭后漱口，早晚刷牙，勤剪指甲；晚上洗脚、洗屁股；定期洗头、洗澡；洗脸、洗手的方法要正确；要有专用的毛巾、漱口杯等。

（五）如厕

培养幼儿按时排便的习惯需要有计划、有步骤地耐心进行。对于年龄小的幼儿，应先教导他们用语言表达要大小便的需要，然后教导他们如何坐盆或蹲坑，使他们逐渐适应幼儿园的生活。对于年龄较大的幼儿，可以从时间上（该上厕所的时间）、条件上（该在什么地方）提出行为要求。

（六）学习活动

学习活动在幼儿园中有着重要地位。在进行学习的过程中，不可忽视幼儿身体保护和生活自理能力的培养。它包括：注意环境的卫生，要有良好的通风条件，光线充足，同时要让幼儿养成坐、立、行的正确姿势，保护视力。

（七）游戏和户外活动

游戏和户外活动是幼儿喜欢的活动。在活动中，要让幼儿遵守规则要求，合理选择内容和玩法，注意活动安全，不过度活动；根据活动量的大小、身体出汗的情况及时增减衣服；要学会适当地休息，调整活动内容和时间，培养自我控制的能力。

四、家园互动

在大教育的背景下，家园共育是行之有效的教育模式。依靠和利用家庭资源、家长的力量，可以让幼儿巩固、练习幼儿园正在培养的某种行为，也可以弥补、完善幼儿园的不足。比如勤洗澡、勤理发、每天早晚要刷牙等，都需要家庭教育的配合。

第六章 学前儿童生活习惯养成和生活能力教育

课后学习指导

拓展阅读

学前儿童生活习惯养成和生活能力教育的途径

学前儿童生活习惯养成和生活能力教育是健康教育的组成部分。充分利用各种有效的途径，采用多种方法，有目的、有计划地组织实施教育活动，才能取得良好的效果。

学前儿童生活习惯养成和生活能力教育的内容是具体的，因而实施教育的途径也是多方面的。它可以通过较正式的教育活动进行，但更多的是借助灵活的、分散的日常生活环节来进行。

一、课程

教师可以在课程教学的过程中，将有关生活习惯养成和生活能力教育的内容适时、适宜地纳入其中。幼儿则可以在学习、体验和完成课程学习的过程中，获取有关生活习惯和生活自理能力方面的知识。

二、游戏活动

教师可以根据教育内容的需要，以文学、艺术作品和游戏为载体，利用情境表演、角色扮演、听故事、念儿歌等活动形式，对幼儿进行生活习惯和生活自理能力方面的教育。这样能在愉悦的氛围中，变讲道理、说教为幼儿喜欢的游戏，让幼儿从中获得浅显的知识，知道是什么、为什么和怎么做。

三、日常活动

生活习惯养成和生活能力教育与幼儿园其他教育相比，具有烦琐、细小的特点。而行为习惯的养成对于幼儿来说也非一蹴而就，它需要积极的引导、持续的要求、反复的练习。在实施过程中，应当把生活习惯养成和生活能力教育与幼儿园的全部教育形式和活动环节结合起来。幼儿园一日生活中的主要生活环节有：晨（午、晚）检、进餐、睡眠、盥洗、如厕、学习活动、游戏和户外活动等。可以在这些环节中渗透生活习惯和生活能力教育。

（一）晨（午、晚）检

在幼儿早晨起床或入园时，午睡起床或晚间入睡前（寄宿制幼儿园），应检查幼儿卫生习惯、观察幼儿的精神状态及衣着整洁情况，日复一日，使幼儿逐渐养成良好的生活习惯和生活自理能力。

（二）进餐

幼儿进餐时应安静、愉快，保持良好的秩序。有的幼儿园用播放轻音乐的形式来营造美好的环境氛围。让幼儿知道，吃饭前要洗手，吃饭时要细嚼慢咽，掉在地上的食物不要捡起来再吃，并且让幼儿学会独立进餐。

（三）睡眠

睡眠对于幼儿的生长发育极为重要，良好的睡眠习惯可以提高睡眠的质量。好的睡眠习惯包括：按时入睡，睡得好，按时起床；要有正确姿势，双腿弯曲，向右侧卧睡；用鼻子呼吸，冬天要披好被子，不露肩，不蒙头睡觉，不睡沙发床，等等；自己整理床铺、被褥，按顺序穿脱衣服、鞋袜，衣服脱下后叠放在固定的地方。

（四）盥洗

盥洗不仅能使幼儿的皮肤保持清洁，增强抵抗力，使幼儿养成爱清洁、讲卫生的好习惯，而且是培养幼儿健康行为和自理能力的一个重要方面。良好的盥洗习惯要从小做起，包括：早晚及午睡后用流动水和香皂洗净身体的裸露部分；饭前、便前、便后、手脏时能主动洗手，随时保持清洁；饭后漱口，早晚刷牙，勤剪指甲；晚上洗脚、洗屁股；定期洗头、洗澡；洗脸、洗手的方法要正确；要有专用的毛巾、漱口杯等。

（五）如厕

培养幼儿按时排便的习惯需要有计划、有步骤地耐心进行。对于年龄小的幼儿，应先教导他们用语言表达要大小便的需要，然后教导他们如何坐盆或蹲坑，使他们逐渐适应幼儿园的生活。对于年龄较大的幼儿，可以从时间上（该上厕所的时间）、条件上（该在什么地方）提出行为要求。

（六）学习活动

学习活动在幼儿园中有着重要地位。在进行学习的过程中，不可忽视幼儿身体保护和生活自理能力的培养。它包括：注意环境的卫生，要有良好的通风条件，光线充足，同时要让幼儿养成坐、立、行的正确姿势，保护视力。

（七）游戏和户外活动

游戏和户外活动是幼儿喜欢的活动。在活动中，要让幼儿遵守规则要求，合理选择内容和玩法，注意活动安全，不过度活动；根据活动量的大小、身体出汗的情况及时增减衣服；要学会适当地休息，调整活动内容和时间，培养自我控制的能力。

四、家园互动

在大教育的背景下，家园共育是行之有效的教育模式。依靠和利用家庭资源、家长的力量，可以让幼儿巩固、练习幼儿园正在培养的某种行为，也可以弥补、完善幼儿园的不足。比如勤洗澡、勤理发、每天早晚要刷牙等，都需要家庭教育的配合。

第七章

学前儿童饮食营养教育

内容导读

身心健康是衡量个体素质的重要标志，充足、均衡的营养是保证个体健康成长的基础。幼儿正处于生长发育的关键时期，帮助他们树立正确的饮食观念，建立良好的饮食习惯，是学前儿童健康教育的重要内容之一，与幼儿的健康成长密切相关，同时契合学前儿童健康教育领域中"保护幼儿身心健康"的首要目标。本章主要围绕学前儿童饮食营养教育概述、学前儿童饮食营养教育的目标与内容、学前儿童饮食营养教育活动的设计与指导三方面展开，帮助学生形成科学的学前儿童饮食营养教育意识，为其设计以及开展学前儿童饮食营养教育活动奠定基础。

精彩回放

认识各种各样的食物
1. 小班健康活动"小果皮的乐趣"
2. 中班健康活动"我爱吃粗粮"
3. 大班健康活动"芝麻芝麻快开门"·······················114

掌握饮食的方法和技能
1. 小班健康活动"我会用勺子"
2. 中班健康活动"我会剥虾壳"
3. 大班健康活动"蔬菜哪里能吃"·······················114

养成良好的饮食卫生行为习惯
1. 小班健康活动"勺子"
2. 中班健康活动"小小营养师"
3. 大班健康活动"制定食谱"·······························115

第一节　学前儿童饮食营养教育概述

学习目标

1. 能够陈述学前儿童饮食营养及学前儿童饮食营养教育的概念；
2. 领会学前儿童饮食营养教育的重要性；
3. 形成科学的学前儿童饮食营养教育意识。

一、学前儿童饮食营养的概念

（一）营养的概念

幼儿处于生长发育的旺盛期，对他们来说，饮食营养质量的好坏极为重要。从字义上讲，"营"为经营、谋求，"养"为养生或养身，营养就是谋求养生的意思。具体地说，营养就是人体摄取各种食物，经过消化、吸收、代谢和排泄，利用食物中的有益成分满足自身生理需要、维持生命活动的整个过程。

（二）营养素

食物中含有的能维持人的机体健康、提供身体生长发育以及进行生命活动所需要的各种营养成分被称为营养素。幼儿正处于生长发育的旺盛期，对蛋白质、维生素及其他营养素的需求量相对高于成人。幼儿必需的营养素有蛋白质、脂肪、糖类、矿物质、维生素、水、膳食纤维七类。

1. 蛋白质

蛋白质是生命的物质基础，是构成细胞的基本有机物，是生命活动的主要承担者。蛋白质是与生命及各种形式的生命活动紧密联系在一起的物质，机体中的每一个细胞和所有重要组成部分都有蛋白质参与。幼儿正处于生长发育过程中，组织细胞不断增加，蛋白质需求量高于成人，摄入量应该大于排出量。1～6岁幼儿每日膳食中蛋白质的推荐摄入量为50克。如果每日摄入的蛋白质总量达到推荐摄入标准，且其中一半是动物性蛋白质和豆类蛋白质，就能较好地满足幼儿机体的成长需要。

富含蛋白质的食物主要有：动物性食物中的蛋类（鸡蛋、鸭蛋、鹅蛋）、瘦肉（猪、羊、牛、家禽肉等）、乳类（母乳、羊乳、牛乳）、鱼类（淡水、海水）、虾（淡水、海水）等；植物性食物中的黄豆、蚕豆、花生、核桃、瓜子等；米、麦中也有少量的蛋白质（图7-1）。

2. 脂肪

脂肪是生物体的组成部分和储能物质，主要起到提供热能，保护内脏，维持体温，协助脂溶性维生素的吸收，参与机体各方面的代谢

图7-1　常见的高蛋白食物

活动等作用。

高脂肪的食物有坚果类（花生、芝麻、开心果、核桃、松仁等），动物类皮肉（肥猪肉、猪油、黄油、酥油、植物油等），部分油炸食品、面食、点心、蛋糕，等等。低脂肪的食物有水果类（苹果、柠檬等），蔬菜类（冬瓜、黄瓜、丝瓜、白萝卜、苦瓜、韭菜、绿豆芽、辣椒等），鸡肉、鱼肉、紫菜、木耳、荷叶茶，等等。植物油包括花生油、菜籽油、豆油、葵花籽油、亚麻籽油、紫苏籽油等（图7-2）。

图7-2　红烧肉

3. 糖类

糖类是自然界中广泛分布的一类重要的有机化合物，是一切生命体维持生命活动所需能量的主要来源。糖类的主要食物来源有谷类、薯类、根茎类蔬菜、豆类等。另外有食用糖，主要有蔗糖，提供双糖和单糖（图7-3）。

4. 矿物质

矿物质是地壳中自然存在的化合物或天然元素，又称无机盐，是人体内无机物的总称，也是构成人体组织和维持正常生理功能必需的各种元素的总称。矿物质虽不供能，但有重要的生理功能；它是构成骨骼的主要成分，可以维持神经肌肉的正常生理功能，是组成酶的成分，可以维持渗透压，保持酸碱平衡。

图7-3　常见糖果

矿物质缺乏可能导致部分疾病的产生，如缺钙与肌肉痉挛，缺铁与贫血，缺锌与生长发育落后，缺碘与生长迟缓、智力落后，等等，均应引起足够的重视。含钙较多的食物有豆类、奶类、蛋黄、骨头、深绿色蔬菜等；含磷较多的食物有粗粮、花生、马铃薯、肉、蛋

图7-4　常见含矿物质的食物

等；含铁较多的食物有动物的肝、血、心、木耳、瘦肉，等等；含锌较多的食物有海带、奶类、大豆、茄子等；含碘较多的食物有海带、紫菜等；含硒较多的食物有海产品、大米等（图7-4）。

5. 维生素

维生素是人体为维持正常的生理功能而必须从食物中获得的一类微量有机物质，在人体生长、代谢、发育过程中发挥重要的作用。维生素在体内既不参与构成人体细胞，也不为人体提供能量。维生素参与人体的生化反应，调节人体的代谢功能，如果维生素摄入不足，会导致人体新陈代谢失去平衡，免疫力下降，并可能导致营养不良，易患各种疾病。

富含维生素A的食物有鱼肝油、胡萝卜、番茄、樱桃等；富含维生素B的食物有谷物、肝脏、肉类、蔬菜、蛋类等；富含维生素C的食物有新鲜蔬菜、水果等；富含维生素D的食物有鱼肝油、蛋黄、乳制品等（图7-5）。

6. 水

图7-5 常见含维生素的食物

水是地球上最常见的物质之一，地球表面约有71%被水覆盖。水是包括人类在内所有生命生存的重要资源，也是生物体最重要的组成部分。机体失去20%的水就无法维持生命。年龄越小，需水量越大，3～7岁幼儿每天每公斤体重所需水量为85～100毫升（图7-6）。

7. 膳食纤维

图7-6 水

膳食纤维的定义有两种：一是生理学角度，将膳食纤维定义为哺乳动物消化系统内未被消化的植物细胞的残存物，包括纤维素、半纤维素、果胶抗性淀粉和木质素等；二是化学角度，将膳食纤维定义为植物的非淀粉多糖加木质素。膳食纤维具有相当重要的生理作用，缺乏膳食纤维易导致糖尿病、肠癌、便秘等疾病。膳食纤维在蔬菜水果、粗粮杂粮、豆类及菌藻类食物中含量丰富（图7-7）。

图7-7 膳食纤维的食物

（三）营养与健康的关系

健康的现代科学定义是身体与自然环境、社会环境的动态平衡，是一种身体上、精神上和社会活动上的完满状态。幼儿的健康状况受营养、经济、文化、环境、生活习惯等多种因素的影响，其中营养是保证健康的物质前提。合理的营养可以促进健康，幼儿为了维持生命和健康，保证身体生长发育、体力活动和维持思维的需要，必须不断从食物中摄取必需的营养物质。只有合理搭配和摄入人体必需的营养素，才能维持正常的生命活动和身体健康。而不合理的膳食结构，营养过剩或营养不良对身体都是有害的。合理营养对健康具有以下好处：

第一，促进生长发育。营养是幼儿生长发育的物质基础，幼儿的身高也与营养状况有一定关系。

第二，提高智力。营养状况对幼儿的智力发展影响很大。1980年联合国粮食及农业组织（FAO）报告，有1.5亿非洲人面临饥饿，这些地方的妇女由于营养不良，其子女的智力和学习能力明显受到影响。

第三,增强机体免疫力。许多疾病的发生和发展与不合理饮食有一定的关系,合理营养能防治多种疾病(如糖尿病、高血压等),增强机体的抵抗力。

第四,促进健康长寿。人体的衰老和死亡是不可避免的,但合理营养可防治糖尿病、心脏病和高血压等多种疾病,具有延年益寿的作用。

第五,营养与优生关系甚为密切。研究表明,营养状况的好坏对胎儿和婴儿脑细胞的发育有着重要的影响,营养缺乏容易造成胎儿畸形、流产和早产。如果妊娠期间母亲严重营养不良,婴儿出生时脑神经细胞的数目将比正常的数目少15%。婴儿出生后的最初6个月,如果严重营养不良,脑神经胶质细胞的数目也要比正常数目大大减少。

二、学前儿童饮食营养教育

(一)学前儿童饮食营养教育的概念

学前儿童饮食营养教育是学前儿童健康教育的基本内容之一,也是促进幼儿身心全面发展的重要保证。学前儿童饮食营养教育是指教师通过有组织、有计划的教学活动帮助幼儿了解基本的饮食营养知识,养成良好的饮食营养习惯的过程。

在现代健康观的大背景下,人们的营养观正发生着巨大的变化。幼儿作为人类的未来,其营养状况与未来社会的发展、民族的兴旺息息相关。世界卫生组织总干事哈夫丹·马勒(Halfdan Theodor Mahler)博士曾经指出:"儿童健康的投资,对于推动社会发展、提高生产力和改善身体素质,是一个直接的突破口。"身心健康是衡量人体素质的重要标准,而充足合理的营养又是保证人体身心健康的重要基础,饮食营养教育作为健康的投资,是学前儿童健康教育的重要组成部分,同样,对幼儿知识、态度和行为的改变也有重要的价值。

(二)学前儿童饮食营养教育的意义

对幼儿来说,经验的获得、技能的学习、概念的形成都离不开活动,离不开生活。在饮食营养教育活动中,幼儿能体验、感知食物的特性,加深对食物的了解和认识,丰富生活经验。因此,学前儿童饮食营养教育的作用不仅在于营养本身的价值,而且对于幼儿的全面发展具有积极的意义。

1. 促进幼儿身体健康发展

幼儿正处于生长发育最迅速的时期,新陈代谢一般比成人快得多,但是他们的肾脏功能还不健全,因此所需的营养和能量要高于成人。如果缺乏合理的营养,没有良好的饮食行为习惯,其健康水平就会下降,甚至造成贫血、缺钙、肥胖等营养性疾病。学前儿童饮食营养教育可以帮助幼儿了解不同食物的营养成分和味道,从而使幼儿乐意品尝各种食物;培养幼儿良好的饮食行为习惯,包括按时进餐、不挑食不浪费、多喝水少喝饮料等,并教会幼儿如何使用和整理餐具,提高幼儿的生活自理能力;带领幼儿了解不同的饮食礼仪和饮食文化,激发幼儿的学习兴趣;促进幼儿营养的获得和吸收,从而促进幼儿身体的健康发展。

2. 促进幼儿全面发展

学前儿童饮食营养教育是幼儿在与成人、同伴的接触中,通过多种感官学习相关知识，培养良好行为习惯的过程，此过程为幼儿感官、认知、语言等方面的发展创造了有利条件。因此，学前儿童饮食营养教育对幼儿全面发展有着十分重要的意义。

（1）促进幼儿感官的发展。在饮食营养教育中，幼儿在成人的指导下借助视觉、嗅觉、触觉、味觉等多种感官了解不同食物。通过视觉，幼儿能够看到食物的形状及其在不同环境下的变化；通过触觉，幼儿能够感受到食物的软硬和质地；通过嗅觉和味觉，幼儿能够发现一些食物闻起来和吃起来的差别。在这些感官的作用下，幼儿的感知能力也在潜移默化地提高。如在中班活动"包饺子"中，幼儿通过观察图片，感知饺子的不同颜色和形状，在教师的引导下尝试用搓、压、擀、捏四种方法制作出不同形状的饺子。动手操作能让幼儿产生学习包饺子的欲望，使心、脑、手等各个器官得到锻炼。类似的活动都有利于幼儿动手操作能力的发展，使手指更加灵活，幼儿在积累生活经验的同时，大大提高了感知能力。

（2）促进幼儿认知的发展。在幼儿园中，教育的过程就是促进幼儿认知发展的过程，通过教师的引导，幼儿能够掌握最基本的知识。饮食营养教育能帮助幼儿学习有关食物的知识，了解食物所含的营养，并且通过有趣的实验让枯燥的知识和概念生动化，使幼儿在动手操作中探索食物的奥秘。如在"认识水果"系列活动中，幼儿不仅能够认识各种水果的颜色、特征、形状等，了解不同水果的营养价值，积累生活知识，还能通过比大小、分类别等方式促进思维能力的发展，产生主动探索食物奥秘的愿望，在探索的过程中发展解决问题的能力，从而促进认知发展。

（3）促进幼儿语言的发展。幼儿在日常生活中通过与他人沟通和交流促进自身语言的发展，而食物作为幼儿最常见、最熟悉的东西，更能激发幼儿说的欲望。在饮食营养教育中，幼儿在认识各种食物的同时，还能学习不同食物、餐具的名称，掌握一些基本的量词，了解常用的烹饪食物的方法，描述食物在不同环境下的变化等。在饮食营养教育活动中，教师通常采用提问或组织讨论的方式鼓励幼儿大胆表达心中所想，运用自己的语言与教师和同伴交流、沟通，相互分享有关食物的故事。如《蔬菜歌》："胡萝卜红又长，脆又甜有营养，增免疫抗癌症，胡萝卜来帮忙。圆冬瓜滋味佳，夏季吃人人夸，清热毒保健美，吃冬瓜顶呱呱。大白菜真是宝，维生素含量高，清虚火除干燥，冬季吃错不了。西红柿红又圆，营养全滋味好，降血压防衰老，要美容不可少。"生动形象地描述了不同蔬菜的特征和营养价值。教师在展示蔬菜图片的同时引导幼儿念儿歌，此时，语言的学习不再是枯燥的训练过程，而是成为幼儿积极主动的学习过程。因此，饮食营养教育为幼儿创造了良好的说话机会，从而促进其语言的发展。

（4）促进幼儿社会情感的发展。幼儿社会情感的发展与周围环境的作用息息相关。学前儿童饮食营养教育活动旨在让幼儿了解与食物相关的知识，接受各种各样的食物，通过各种感官欣赏食物丰富的形状和颜色，了解不同地区的饮食文化。在与各种食物接触的过程中，幼儿与教师、同伴相互合作、帮助、交流，分享成功的喜悦，以此满足自身的情感需要。同时，幼儿在与教师、同伴的交往中，还能学习促进健康的生活方式，选择有利于健康的饮食行为，树立自我保护意识。

学前儿童饮食营养教育活动对幼儿的作用并不是独立存在的，而是相互影响的，在活动中相互依托，共同为幼儿发展提供空间。事实上，对幼儿进行饮食营养教育的目的不在于使幼儿掌握多少知识，而是通过各种各样的活动促进幼儿知、情、意、行的全面发展，培养幼儿的生活能力，帮助幼儿从小树立健康意识，提高幼儿对饮食营养的认识，引导幼儿养成良好的饮食习惯，塑造幼儿健康的饮食行为，促进幼儿全面健康地发展。

第二节 学前儿童饮食营养教育的目标与内容

学习目标

1. 能够列举学前儿童饮食营养教育不同层次的目标；
2. 能够说明学前儿童饮食营养教育的内容及如何选择；
3. 能够积极运用学前儿童饮食营养教育目标及内容理论展开活动设计分析。

一、学前儿童饮食营养教育的目标

学前儿童饮食营养教育目标是学前儿童饮食营养教育活动的出发点和归宿，是科学开展饮食营养教育活动的关键，是确定幼儿年龄阶段目标和具体活动目标的依据，它可以指引教师设计合理的教学环节，帮助教师选择适合的教学方法和组织形式，有利于教师有效地开展课程评价。学前儿童饮食营养教育目标包括总目标和阶段目标。

（一）学前儿童饮食营养教育总目标

学前儿童饮食营养教育总目标是制定饮食营养教育活动目标的重要依据，为学前儿童饮食营养教育提供正确的价值导向和方向性引领。《指南》从身心状况、动作发展、生活习惯与生活能力三方面，规定幼儿园健康领域的幼儿发展目标。其中，具有良好的体态以及具有良好的生活习惯离不开饮食营养教育。以此为依据，学前儿童饮食营养教育的总目标为：营养知识方面包括认识常见食物的名称、种类及特征，了解不同食物所含的不同营养素，形成科学的饮食观，了解饮食文化；饮食行为习惯方面包括养成良好的饮食行为习惯及饮食卫生习惯。

（二）学前儿童饮食营养教育阶段目标

学前儿童饮食营养教育阶段目标是指以3～6岁幼儿身心发展特点为依据而确定的目标，它是在学前儿童饮食营养教育总目标的指导下，对3～6岁每个阶段的学前儿童饮食营养教育提出不同层次的要求，是对学前儿童饮食营养教育总目标的具体化。阶段目标的确定能够进一步细化总目标，为具体的教育活动设计提供依据。根据总目标，饮食营养教育目标可分为营养知识、饮食行为习惯两个维度，并具化为六个子目标，同时将六个子目标在具体年龄的表现——呈现出来，见表7-1。

表 7-1 学前儿童饮食营养教育阶段目标

维度	目标	小班（3～4岁）	中班（4～5岁）	大班（5～6岁）
营养知识	认识常见食物的名称、种类及其特征	认识常见的食物（水果、蔬菜、豆制品、肉类、谷物食物），并能说出这些食物的名称	1.通过各种感官进一步认识各类常见的食物，体验食物的各种形状、颜色、质地、味道 2.认识食物的类别，如水果类、蔬菜类、奶类、豆类等 3.认识维生素、蛋白质等常见的营养素 4.认识消化器官胃的名称和作用 5.认识常见的调味品	1.熟悉食物类别 2.知道每天的食谱都包括哪些食物 3.懂得粮食要粗细搭配 4.初步学会如何调味 5.初步了解食物最常见烹饪方式
营养知识	了解不同食物中所含的不同营养素	1.懂得人体需要多种多样的食物 2.知道每天要吃多种多样的食物才能保持健康	1.认识维生素、蛋白质等常见的营养素 2.知道不同食物提供不同的营养素	1.了解各种营养素与人身体健康的关系 2.懂得不同营养素在身体中起不同的作用 3.形成应广泛摄取营养、保持身体健康的饮食营养意识
营养知识	形成科学的饮食观	1.知道早餐要吃好 2.知道不能吃太多的甜食 3.喜欢吃多种多样的食物	1.了解早餐的重要性 2.知道吃太多甜食会长龋齿 3.喜欢吃清淡少盐的食物 4.知道科学、合理进食的重要性	1.知道饮食要清淡少盐 2.懂得喝太多饮料尤其是碳酸饮料不利于身体健康 3.懂得吃太多油炸食物不利于身体健康 4.懂得过于肥胖和过于消瘦都不利于身体健康
营养知识	了解饮食文化	1.知道每个人爱吃的食物是不一样的 2.知道不同地方的人有不同的饮食习惯	了解不同民族、不同国家的饮食习惯和饮食文化	1.知道不同国家、民族有自己的饮食习惯和饮食文化 2.了解主要的具有代表性的饮食习惯和饮食文化
饮食行为习惯	养成良好的饮食行为习惯	1.在引导下，不偏食、挑食。喜欢吃瓜果、蔬菜等新鲜食品 2.愿意饮用白开水，不贪喝饮料 3.进餐时不哭闹，安静进餐 4.能熟练地用勺子吃饭 5.在帮助下能将自己碗里的饭菜吃干净	1.不偏食、挑食，不暴饮暴食。喜欢吃瓜果、蔬菜等新鲜食品 2.常喝白开水，不贪喝饮料 3.知道吃饭要专心，吃东西有节制 4.懂得饭前饭后不可做剧烈运动 5.会用筷子吃饭 6.不剩饭菜，不浪费粮食 7.不撒饭菜粒，保持桌面地面清洁	1.吃东西时细嚼慢咽 2.主动饮用白开水，不贪喝饮料 3.不贪食，有意识地控制饭量 4.进餐时主动保持愉快和安静 5.能够控制进餐速度 6.能熟练使用筷子 7.能够做好值日生的工作，主动收拾食物残渣、餐具，主动摆放桌椅

续 表

维度	目标	小班（3～4岁）	中班（4～5岁）	大班（5～6岁）
饮食行为习惯	养成良好的饮食卫生习惯	1. 知道饭前要洗手，饭后要漱口 2. 知道腐坏变质和不干净的食物不能吃 3. 知道有些食物不能生吃	1. 初步养成饭前洗手，饭后漱口的习惯 2. 懂得食物在食用前要清洗	1. 养成饭前主动洗手，饭后主动漱口的习惯 2. 养成主动将食物清洗干净后再吃的习惯 3. 能初步分辨食物的好坏

二、学前儿童饮食营养教育的内容

在《纲要》和《指南》的指导下，学前儿童饮食营养教育内容涉及的范围较为广泛，对于不同年龄段的幼儿，饮食营养教育活动内容的侧重点不同。

（一）学前儿童饮食营养教育的内容选择

学前儿童饮食营养教育内容解决的是"教什么"的问题，其中内容的选择是活动设计的核心，直接影响教学的有效性，进而影响活动目标的达成。《纲要》指出，教育活动内容的选择要"既贴近幼儿的生活来选择幼儿感兴趣的事物和问题，又有助于拓展幼儿的经验和视野"。只有选择有价值的内容，幼儿才能真正成为学习的主人。这对选择学前儿童饮食营养教育内容具有重要的指导意义。

1. 要以目标为依据

学前儿童饮食营养教育的内容是实现饮食营养教育目标的重要手段，依据目标选择学前儿童饮食营养教育内容才能达到预期的教学效果。在进行学前儿童饮食营养教育的过程中，要着重注意目标与内容之间的关系。目标与内容不是简单的一一对应关系，因此，选择内容时要考虑是为了实现哪一个或哪几个目标，因为有时一项内容可能会指向多个目标。依据某一目标来选择内容时，要考虑还有哪些内容能够促进这一目标的实现。另外，还要考虑所选内容是否能够达到情感目标，因为情感目标没有特定的内容，需要通过幼儿获得经验来达成。例如，目标中提出要让幼儿了解食物在人体内消化吸收的过程，为此，就要选择与认识消化器官、理解消化器官功能有关的内容。再如，针对幼儿挑食、偏食的问题，教师为中班幼儿制定了"认识几种常见的蔬菜，知道吃蔬菜的好处，并乐意吃蔬菜"的目标，在内容的选择上，则紧密围绕目标，设计了买菜的活动和游戏"送蔬菜宝宝回家"等。

2. 要符合幼儿身心发展的特点

《纲要》指出，"幼儿园教育应尊重幼儿的人格和权利，尊重幼儿身心发展的规律和学习特点"，因此在内容的选择上要以幼儿为本，符合幼儿身心发展的特点。一方面，教师在选择活动内容时要充分考虑其难易程度是否与幼儿身心发展水平相适应，同时难易水平应处在幼儿的最近发展区，要既符合幼儿已有发展水平，又能促进其进一步发展。另一方面，要尊重幼儿，在选择内容时必须了解幼儿的特殊需要，针对幼儿的实际情况选择有差异的内容。例如，大班幼儿需要深化对营养、饮食与健康的关系的理解，才能更好地形成良好的饮食行为习惯，教师就设计一个"健康郊游餐"的教育活动，满足大班幼儿的求知欲和发展需要，但同样的内容对小班幼儿来说难度过大，难以接受。

3. 要注意知识经验的序列性

最初的经验为后续的学习提供了基础，而后续的学习能够加深和扩展最初的经验，形成新的经验。因此，学前儿童饮食营养教育内容的选择要与幼儿已有的生活经验相关联。幼儿身体各个方面的发育不够成熟，思维水平相对较低，在选择学前儿童健康教育内容时，要紧密联系其生活经验，注意其逻辑顺序，引导幼儿循序渐进地获得更高级的经验，以便幼儿更好地学习和记忆。例如，先让幼儿在原有经验的基础上对各类食物有一个初步的认识，了解食物所含的营养有利于身体健康，然后再培养幼儿平衡膳食的能力。需要注意的是，在选择不同阶段的教育内容时一定要考虑幼儿的年龄发展特征。

（二）学前儿童饮食营养教育的内容

1. 认识各种各样的食物

幼儿的一日三餐离不开食物，幼儿在接触各种食物的过程中，需要知道食物的名称，并了解各种食物对身体健康的价值，如蔬菜、水果、奶类、豆制品等。通过多种感官了解不同食物的不同形状、颜色、质地和味道，知道有的食物不能生吃，有的食物能吃但是不能多吃，认识常见的调味品，如油、盐、酱、醋等，并初步学会如何调味，初步了解食物最基本的烹饪方法。幼儿正处于生长发育的关键时期，食物中的营养素以及能量显得尤为重要。教师要帮助幼儿了解人体所需的最基本的营养素，知道营养素可以从哪些食物中获取和吸收，以及各种营养素与身体健康的关系，如：鸡蛋是获得蛋白质的良好来源；红薯中含有丰富的维生素A，经常食用可以预防夜盲症；芹菜中含有大量维生素和钙、铁、磷等矿物质元素，可以补充双腿所需的钙质，还能预防下肢浮肿；巧克力富含镁元素，适当补充镁能加大骨密度，适量食用能保持全身骨骼健康发育。以此促进幼儿养成乐意吃各种食物的良好意识。

扫码学习：
1. 小班健康活动"小果皮的乐趣"
2. 中班健康活动"我爱吃粗粮"
3. 大班健康活动"芝麻芝麻快开门"

2. 掌握饮食的方法和技能

幼儿需要在饮食过程中掌握基本的方法和技能，如饭和菜一起吃，熟练使用勺子、筷子，啃骨头、吐鱼刺、剥虾壳、细嚼慢咽、控制饮食速度，等等，从而提高饮食自理能力。

扫码学习：
1. 小班健康活动"我会用勺子"
2. 中班健康活动"我会剥虾壳"
3. 大班健康活动"蔬菜哪里能吃"

3. 养成良好的饮食卫生行为习惯

要让幼儿了解不良饮食卫生行为习惯对身体健康的危害，帮助幼儿形成良好的饮食卫生行为习惯，如饭前洗手、饭后漱口、细嚼慢咽、安静用餐、多喝水少喝饮料、不吃不清洁的食物、不乱吃零食、不暴饮暴食等。同时，让幼儿懂得餐桌上应有的饮食礼仪，如在进餐过程中讲究餐桌卫生，在自助餐和聚餐中能按需取食和点餐，不浪费食物等。也可以让幼儿学会使用基本的进餐礼貌用语。

扫码学习：
1. 小班健康活动"勺子"
2. 中班健康活动"小小营养师"
3. 大班健康活动"制定食谱"

第三节　学前儿童饮食营养教育活动的设计与指导

学习目标

1. 能够解释说明学前儿童饮食营养教育活动设计的流程；
2. 懂得使用适宜的学前儿童饮食营养教育活动指导方式；
3. 能够熟练设计并指导学前儿童饮食营养教育活动。

一、学前儿童饮食营养教育活动设计

学前儿童饮食营养教育活动的设计流程一般为：确定活动目标—选择活动内容—明确活动重难点—做好活动准备—策划活动过程—设计活动延伸。

（一）确定活动目标

学前儿童饮食营养教育是学前儿童健康教育的一部分，在制订学前儿童饮食营养教育的活动目标之前，首先要明确学前儿童健康教育的总目标，同时要将学前儿童饮食营养教育总目标和阶段目标具体化。因此，在制订具体活动目标的过程中要考虑全面性、可操作性、适宜性和同一性。

1. 全面性

学前儿童饮食营养教育活动目标要注意全面性，充分考虑幼儿全面发展目标的达成，从认知、技能和情感三个维度来进行阐述。认知目标可以使用"了解""知道""懂得"等词语进行表述；技能目标可以使用"能够""学会""掌握"等词语进行表述；情感目标可以使用"体验""乐意"等词语进行表述。需要注意的是，全面性并不意味着每个活动都必须制订三维目标，也可以根据实际情况只设定两个维度的目标。

 案例分享

大班饮食营养活动"冷饮好吃我不贪"活动目标：
① 了解冷饮中的一些成分，知道多吃冷饮害处多。——认知目标

②能够有选择地食用冷饮。——技能目标
③在自制冷饮的过程中体会操作的快乐。——情感目标

2. 可操作性

学前儿童饮食营养教育活动目标的表述应准确具体和具有可操作性。如教师通过两种幼儿喜爱的方式——儿歌与肢体动作，最终达成幼儿"爱吃蔬菜"的情感目标，具有很强的可操作性和指导意义。

 案例分享

小班饮食营养活动"可爱的蔬菜宝宝"的活动目标是幼儿通过儿歌知道三种蔬菜的形象特征和味道，再通过身体动作表现出这三种蔬菜的形象，从而培养喜欢吃蔬菜的好习惯。

3. 适宜性

学前儿童饮食营养教育活动目标要具有适宜性，要符合幼儿的认知发展水平和各年龄段特征，避免目标定得过高或过低。

 案例分享

小班饮食营养活动"什么部位可以吃"的活动目标之一是"了解常见蔬菜的食用部位，并能按食用部位对蔬菜进行分类"。这个目标的实现难度对于小班幼儿来说过大，对蔬菜进行分类超出了小班幼儿的认知水平。

4. 同一性

学前儿童饮食营养教育活动目标要具有同一性，这里的同一性是指目标的主语要统一，尽量选择以幼儿为主体进行表述。

 案例分享

小班饮食营养活动"好宝宝不挑食"活动目标：
①认识蔬菜水果的名称，知道不挑食才能身体健康；
②能大胆地说出自己喜欢吃的水果和蔬菜的名称；
③养成不挑食、不偏食的良好习惯。
三个目标的行为主体都是幼儿，因此，此活动在设定目标时做到了同一性。

总之，在制订学前儿童饮食营养教育活动目标时应该简明清晰、准确具体、主体一致，同时要反映出幼儿不同年龄阶段的特点。教师应在教学过程中不断思考和反思，从而不断完善活动目标。

（二）选择活动内容

选择学前儿童饮食营养教育的内容时要根据活动目标，要考虑不同年龄段幼儿的需要和兴趣，同时还应兼顾全面性。活动内容应包括认识各种食物的名称形状、色彩、性质；理解人体需要的营养素与人体健康的关系；养成良好的饮食卫生习惯；掌握饮食的方法、技能；了解我国民间饮食文化及各国饮食风俗习惯；等等。在做到对以上内容的整合后，还需要考虑各领域之间的整合，如与语言、艺术、科学等领域进行自然整合。

案例分享

以"科学膳食，健康成长"主题活动为例：教师组织各班上好营养膳食活动课，活动中，教师们利用课件、视频等形式，组织幼儿认真学习营养与健康相关内容，并引导幼儿认识、了解蔬菜的营养价值和合理的膳食搭配。在详细介绍常见的饮食误区和垃圾食品种类后，再进一步普及了营养和健康知识。

（三）明确活动重难点

设计学前儿童饮食营养教育活动时要明确活动重难点。活动重点是教育活动中最基本、最核心的内容，是一次教学活动的重要目标。活动难点是幼儿不易理解或者不易掌握的内容，需要教师花更多心思去教。

案例分享

1. 小班饮食营养活动"蔬菜宝宝"：
重点：了解常见蔬菜的营养价值。
难点：能够说出常见蔬菜的名称和特征。
2. 大班饮食营养活动"不健康的食品"：
重点：了解不健康的食品有哪些，知道不健康食品危害多。
难点：在了解了不健康食品的危害后，能够做到不吃或少吃不健康食品。

（四）做好活动准备

活动的活动准备是确保整个活动顺利进行的有力保证，主要包括四个方面：幼儿的准备、教学内容的准备、环境的准备和材料的准备。幼儿的准备就是要了解幼儿的身心发展特点和认知水平，了解幼儿的已有经验和兴趣，根据幼儿发展的差异有针对性地选择教育内容。教学内容的准备就是要把握饮食营养教育的目标和价值，明确活动重难点。环境的准备就是要营造能够激发幼儿兴趣的活动环境，从而唤醒幼儿的已有经验。材料的准备就是提供适宜方便的可操作的材料。

案例分享

小班饮食营养活动"好吃的红色蔬菜"活动准备：
① 活动前带领幼儿参观大班的"水果超市"；
② 红色蔬菜的食物或模型，图片每人1份。

（五）策划活动过程

在确定活动目标、做好活动准备后，就要着手策划活动过程，这是学前儿童饮食营养教育活动设计的核心步骤，一般包括导入部分、基本部分和结束部分。

1. 导入部分

一个好的导入环节不仅能激发幼儿的学习兴趣和学习主动性，还能促进活动的顺利开展。导入部分的设计是多样的，在设计时应该注意以下问题：

（1）趣味性。活动的导入有一定的趣味性，可以有效地激发幼儿的学习兴趣，调动幼儿学习的积极性和主动性，帮助幼儿集中注意力，引导幼儿尽快进入学习状态。另外，教师要注意语言表达的生动性，风趣幽默的语言会更加吸引幼儿的注意力。

 案例分享

大班饮食营养活动"营养设计师"开始前，由教师带领幼儿进入"快乐食物王国"，让幼儿在各种各样的食物图片中挑选自己喜欢的。这样的情景导入可以很好地吸引幼儿的注意力。

（2）启发性。在设计导入部分时可以采用提问、情境表演等方式，这样可以引导幼儿积极主动地思考，启迪幼儿思维，巧妙、自然地引导幼儿进入学习状态。

 案例分享

在大班饮食营养活动"饭前饭后不剧烈运动"中，教师先是出示图片，随后通过一系列问题，如"图上有谁？小朋友在干什么？为什么他们不想吃饭？图上的小朋友吃饭后在场地上干什么？为什么他捂着肚子？"等，引导幼儿思考，从而展开活动。

（3）针对性。活动有一定的针对性，可以有效引导幼儿了解活动的主要内容，使导入部分与基本部分紧密相连，在活动一开始就将幼儿带入本次活动的认知范畴之内。应根据活动内容，幼儿的特点、认知水平、已有经验合理设计。此外，教师还应兼顾全体幼儿，调动幼儿多感官共同活动。

 案例分享

大班饮食营养活动"胡萝卜的旅行"的活动重点是引导幼儿了解食物消化的过

程，因此以幼儿品尝胡萝卜为导入环节，让幼儿亲身体验食物吃到嘴里后会经过哪些地方。

（4）简洁性。导入环节要简洁明了，能迅速地帮助幼儿集中注意力，将幼儿带入教学活动，引导幼儿由无意注意转向有意注意。

 案例分享

大班饮食营养活动"粗粮小吃点"的导入环节是：带幼儿观察厨房人员制作小点心，认识几种粗粮食品。这样的导入环节简单明确，幼儿可以通过直接观察认识粗粮。

2. 基本部分

活动的基本部分是达成目标的主要部分，占据活动的主体时间，也是幼儿学习知识、增长经验的过程，设计时应注意以下问题：

（1）要有高潮点。有高潮的音乐或者电影往往更具有吸引力，教育活动也是如此。在活动进入基本部分时，幼儿已达到最好的学习状态，正处于致力于思考的阶段，因此在活动设计上要把握高潮点，使幼儿兴奋起来，注重手脑并用，激发他们对学习的渴望。

 案例分享

小班饮食营养活动"好吃的红色蔬菜"设计了一个"小红帽购物"的游戏环节。游戏是幼儿最喜欢的活动，此环节能够让幼儿兴奋起来，在玩的同时还能巩固对红色蔬菜的认知。

（2）要有高效率。活动的基本部分要突出活动的重难点，采用高效率的方法和手段帮助幼儿深入透彻地掌握知识点，分析幼儿心理，引导幼儿以最佳状态投入学习。

 案例分享

小班饮食营养活动"吃饭"将念儿歌以及情境表演作为活动的基本部分，以此让幼儿知道吃饭时要专心地一口口吃，要坐端正，手扶碗。

（3）要体现一定的艺术性。一个好的教育活动应时时刻刻都能抓住幼儿的注意力，这就要求活动基本部分的设计要与导入环节巧妙衔接，注意各过渡环节的紧密衔接，以及节奏的自然转换和活动的逻辑性，采用幼儿喜欢的方法和手段，设计新颖的教学内容，体现出一定的艺术性。

 案例分享

中班饮食营养活动"注意饮食卫生"以谈话的方式导入，引出各类食品，随后展示图片帮助幼儿了解饮食卫生的重要性，然后教师引导幼儿讨论区分绿色食品和垃圾食品，最后通过抢答活动和游戏"蹲一蹲"帮助幼儿巩固所学内容。整个活动完整流畅，一环扣一环，调动了幼儿学习的积极性，具有一定的艺术性。

3. 结束部分

结束部分是对活动中涉及的知识技能进行归纳总结的过程。一个有吸引力的结束环节能更好地帮助幼儿巩固在活动中所学到的知识技能，在设计时要注意以下问题：

（1）要首尾呼应。结束部分是整个活动的最后一个部分，与活动的开始相呼应才能使整个活动更加完整，更加有效地将幼儿零星的知识点整合起来，形成完整的知识框架。

 案例分享

小班饮食营养活动"水果大会"的导入部分是教师设计参加"森林水果大会"的情境，基本部分引导幼儿认识各种水果，结束部分又回到"森林水果大会"，让幼儿找"水果公主"吃水果，使活动变得完整。

（2）要适可而止。幼儿无法将注意力长时间集中在一件事情上，这意味着幼儿良好的学习状态是短暂的，长时间的学习容易引起幼儿的思维惰性。因此，整个活动过程要控制好时间，适可而止才能使活动达到预期效果。

（六）设计活动延伸

设计活动延伸能够保证教育活动的完整性和连贯性，能够帮助幼儿巩固课上所学内容，增加幼儿的生活经验。幼儿园教育活动的时间有限，教育内容粗浅，且幼儿理解和学习的能力存在差异，而饮食营养教育涉及良好饮食行为习惯的养成，行为习惯的养成不是一蹴而就的，也不是通过某一个活动就能形成的，要紧密地与幼儿日常生活相联系，因此，设计活动延伸是非常有必要的。教师可以通过环境创设、区域活动、领域渗透等方式设计活动延伸，也可以充分利用家庭和社会资源，争取获得家长和社区的支持，共同促进幼儿的发展。

 案例分享

大班饮食营养活动"黑色食品"的活动延伸内容是在区角中创造性地画出黑色食品及食品搭配；参观农贸市场；家长在家多煮黑米粥、黑芝麻糊等营养丰富的黑色食品给幼儿品尝。

二、学前儿童饮食营养教育活动指导

学前儿童饮食营养教育活动是一项非常重要的工作。因为在学龄前阶段，幼儿的身体和智力发展正处于关键时期，他们需要充足的营养来支持他们的生长和发育。饮食营养教育活动可以帮助家长和保育人员了解如何为幼儿提供均衡、多样化和营养丰富的饮食，以确保他们获得所需的营养素。

（一）学前儿童饮食营养教育活动的开展原则

学前儿童饮食营养教育活动的开展原则具有指导性作用，对达成教育目标、提高教育质量、完成教育任务有着重要影响。学前儿童饮食营养教育的开展原则主要包括主体性原则、发展性原则、趣味性原则及渗透性原则。

1. 主体性原则

幼儿的主体性是指幼儿在教育活动中所表现出来的自主性、能动性和创造性。在学前教育饮食营养教育活动中，幼儿不仅仅是教育的对象，更是教育的主体。每一个幼儿都有自己理解知识的方式，无视幼儿主体地位的教育是不成功的。幼儿的主体性应从教育计划、教学准备、具体实践过程等各个方面体现出来。例如，制订目标时尽量以幼儿为主语，强调幼儿要学会什么，而不是教师要教会幼儿什么；根据幼儿的兴趣准备教学材料以及选择教学方法。教师要在研究幼儿如何学习、如何获取知识的基础上，研究教师如何教，充分发挥幼儿的主动性与创造性，使教学活动能达到好的效果，从而更好地促进幼儿发展。

2. 发展性原则

学前教育阶段任何教育活动都应该从幼儿的发展需要出发，而饮食营养教育与幼儿的日常生活息息相关，幼儿的一日三餐离不开饮食营养，因此，不论是教育目标的制订、教育内容的确定，还是教育方法的选择，都要以幼儿的实际情况与发展需要为出发点，同时要考虑幼儿的终身发展，促进幼儿在原有水平上得到发展。教师应通过饮食营养教育帮助幼儿认识各种食物，了解各种食物所含的不同营养，知道营养对身体生长以及预防疾病的重要性，养成良好的饮食行为习惯，树立科学的饮食观念，从而保证幼儿身体健康以及全面发展。

3. 趣味性原则

学前儿童饮食营养教育应遵循趣味性原则，即要寓教于乐，使每个教学环节都充满趣味。兴趣是最好的老师，但是兴趣不是天生的，它需要教师的引导、培养和保护才能形成和发展。要想提高教学效率，首先要做的就是点燃幼儿求知的火花，引发幼儿浓厚的学习兴趣，激发幼儿学习的积极性和求知欲，让幼儿在良好的氛围中，带着愉悦的心情，全身心地投入学习，获取知识和技能。幼儿的特征是好动、爱表演，乐于接受新奇的、趣味性强的事物，因此，教师要通过丰富的材料以及多种教学方法吸引幼儿的兴趣。例如，可以采用游戏活动、美术绘画、音乐舞蹈、情境表演等形式展开活动，让幼儿在玩中学、学中玩，在一步步的探索、发现、思考中积极主动地构建和积累经验。

4. 渗透性原则

《指南》中指出，要关注幼儿学习和发展的整体性。幼儿的发展是一个整体，要注重领域之间的相互渗透和整合，促进幼儿身心全面协调发展，而不应片面追求某一方面或几方面的发展。因此，学前儿童饮食营养教育应和其他各领域密切结合，使各个领域相互整合、相互促进。例如，可以将饮食营养教育与美术活动相结合，通过绘画加深幼儿对各种食物及其颜色的了解；可以在区角活动中为幼儿提供丰富的材料，让幼儿通过自己配餐知道平衡膳食的重要性；可以将各种食物的名称、特征等编成儿歌教给幼儿，或者通过讲故事的形式向幼儿讲述相关知识；还可以与主题活动相结合，如在主题活动"春天"中，引导幼儿观察蔬菜水果的播种和发芽。另外，在环境布置上也可以多添加饮食营养的相关内容，引导幼儿观察各种食物的营养价值等。

（二）学前儿童饮食营养教育活动的开展方法

在开展学前儿童饮食营养教育活动时，要灵活运用各类教学方法，以激发幼儿的学习兴趣，提高学习效率。常见的方法包括讲述法、讨论法、示范法、游戏法、操作法和练习法。

1. 讲述法

讲述法是饮食营养教育活动中最常见的方法，指教师通过口头语言生动地叙述、说明饮食营养知识以及完成活动的要领、方法和要求，并能有效指导幼儿进行活动。讲述法包括叙事、描述、解释、说明等表述方式，可以借助有趣的故事、图片、视频等进行具体介绍。在讲述过程中，教师要做到简洁明了、有趣生动、形象逼真，符合幼儿的理解水平，同时要有一定的启发性，引导幼儿思考，活跃幼儿的思维。例如，小班饮食营养教育活动"干净的水果真好吃"中，教师通过讲故事让幼儿知道水果要洗干净了再吃。

2. 讨论法

讨论法是指幼儿在教师的指导下，对某个有关饮食营养的问题进行探讨以获取知识的方法。其优点在于能更好地发挥幼儿的主动性、积极性，有利于培养幼儿独立思考和语言表达能力，促进幼儿灵活地运用知识，同时，帮助幼儿表达自己的真实想法，能鼓励幼儿对他人的思想加以评价，从而提高幼儿辨别是非的能力。例如，在小班活动"干净食物人人爱"中，教师引导幼儿观察课件（小朋友在吃饭时，有的在说笑，有的边吃边玩玩具，有的乱扔饭），讨论小朋友的做法，这样幼儿既学到了知识，表达了想法，还提高了辨别是非的能力。

3. 示范法

示范法是指教师通过语言、动作进行教学表演，为幼儿提供具体的模仿范例，使幼儿了解所要学习的动作形象、结构、要领和方法，以指导幼儿进行学练的一种方法。幼儿的许多行为并非通过直接实践形成的，而是通过观察、学习和模仿产生共鸣，从而强化良好行为或者削弱不良行为。因此，在学前儿童饮食营养教育活动的指导中，示范法是常用的方法。例如，在中班活动"包饺子"中，教师运用示范法为幼儿演示搓、压、擀、捏等方法包饺子。

4. 游戏法

游戏法是指教师通过幼儿喜闻乐见且有规则的游戏，能够充分发挥幼儿的主动性和创造性，激发幼儿参与活动的兴趣，从而丰富幼儿关于营养的知识，培养幼儿良好的饮食卫生行为习惯。例如，在中班活动"好吃的红色蔬菜"中，教师设计了一个"小红帽购物"的游戏，幼儿通过游戏认识了不同的红色蔬菜，还提高了语言表达能力和动作的协调性。

5. 操作法

操作法是指教师提供多种多样与主题相关的教具和玩具，使幼儿在亲身实践和动手操作的过程中主动学习，从而获得与饮食营养有关的知识、经验和技能的方法。例如，在中班活动"我会用筷子"中，教师为幼儿提供了薯条、小馒头和彩虹糖，让他们通过夹薯条、小馒头和彩虹糖锻炼手部肌肉的灵活性和手指配合的协调性。

6. 练习法

练习法是指幼儿对已经学习过的基本动作、基本生活技能进行反复练习，从而加深印象，形成稳定的行为习惯。从认知到动作技能或行为习惯的养成，需要通过一定的练习进行巩固，因此，幼儿饮食技能和饮食习惯的获得需要采用练习法。例如，餐前洗手、餐后漱口的习惯，以及正确使用勺子、筷子的技能，都必须在教师和家长的具体指导下反复练习才能真正掌握。

总之，学前儿童饮食营养教育活动有多种开展方法，在开展具体活动时，应根据幼儿、环境等方面的具体情况，选择适宜的方法，以达到最好的效果。

（三）开展学前儿童饮食营养教育活动的注意事项

1. 集体教育与个别指导相结合

学前儿童饮食营养教育是健康教育中非常重要的一部分，集体教育时教师无法给予每个幼儿过多的关注，因此，在开展教育活动时，要根据具体情况坚持集体教育与个别指导相结合。在学习有关饮食营养的基础知识时，教师可采取集体教学，例如教授幼儿认识各类食物、了解各种食物中的营养等。在培养幼儿良好的饮食行为习惯时，教师应根据幼儿不同的身体状况进行个别指导，例如对肥胖幼儿要教导其控制食量，对体弱、挑食、厌食、饮食习惯较差的幼儿要多鼓励，以达到让其愉快且愿意进餐的目的。

2. 注重三方合作

《纲要》中指出"幼儿园应与家庭、社区密切合作"，由此看来，家庭和社区是幼儿园的重要合作伙伴，幼儿园应该充分利用各种教育资源，与家庭和社区建立密切的合作关系，通过社区开展良好饮食行为习惯的宣传活动，同时呼吁家长重视幼儿良好饮食习惯的养成。家长是幼儿最亲近的人，他们的一举一动、一言一行都会影响幼儿。幼儿园要通过家园联系栏、家长会、开放活动等方式向家长传播科学饮食的知识，让他们了解良好饮食习惯的重要性。同时，教师要及时与家长沟通幼儿的在园表现，以及了解幼儿在家情况，发现问题及时纠正，共同合作保证教育效果。

3. 注重教学评价与反思

教学评价是为了评判教学活动的成效，回顾教学过程中教师和幼儿的行为，反思教学对幼儿发展的意义。例如，教学是否促进幼儿认知、情感等各方面的发展，教学是否调动幼儿多感官的参与，目标的制订、材料的准备、内容的选择是否引发真正的教与学。教学反思是教师在教育理论的指导下，及时发现存在的问题并改正、完善自身能力及促进自身专业发展的过程。教学评价与反思是学前儿童饮食营养教育活动中不可或缺的部分，不仅能够实现以幼儿为本，关注幼儿在教育活动中的表现，有针对性地促进幼儿对饮食营养知识的掌握以及良好习惯的养成，还能提高教师自身专业素养以及组织教学的能力。因此，教师应重视教学评价与反思，正确认识其内涵与价值，营造良好的评价与反思氛围，提高自身教学评价与反思的积极性。

🎯 行动研修

一、名词解释

1. 幼儿营养
2. 学前儿童饮食营养教育

二、简答题

简述学前儿童饮食营养教育的意义。

三、实践题

请分析以下学前儿童饮食营养教育活动目标设置是否合理。若不合理,应如何修改?

活动一:蔬菜水果洗干净

① 了解残留农药的危害,知道几种去除农药的方法,懂得保护自己的健康;

② 愿意通过自己的努力,想办法获取知识;

③ 喜欢与同伴合作,共同探究,共同分享。

活动二:做汤圆

① 自主探索制作有馅汤圆的方法,尝试自制有馅汤圆;

② 借助流程图有序操作,有一定的安全意识;

③ 尝试与同伴合作进行炊事活动,体验操作以及成功带来的乐趣。

四、实践题

请设计一个学前儿童饮食营养教育活动,并撰写详细教案,要求设计环节体现设计意图、活动目标、活动重难点、活动过程、活动延伸。

✏️ 课后学习指导

拓展阅读

均 衡 营 养

一、中国学龄前儿童平衡膳食宝塔

中国学龄前儿童平衡膳食宝塔(图7-8)是根据《中国学龄儿童膳食指南(2022)》的内容,结合中国儿童膳食的实际情况,把平衡膳食的原则转化为各类食物的数量和所占比例的图形化表示。

学龄前儿童膳食宝塔的组合遵循平衡膳食的原则,体现了在营养上比较理想的膳食构成。宝塔共分为五层,各层面积大小不同,体现了五类食物和食物量的多少。五类食物包括谷类、薯类、蔬菜类、水果类、蛋类、畜禽肉鱼类、奶类、大豆、坚果以及烹调用盐、油。食物量是根据不同能量需求量水平设计的。

宝塔旁边的文字注释表明了不同年龄阶段儿童在不同能量需要水平时,一段时间内每人每天各类食物摄入量的建议值范围。

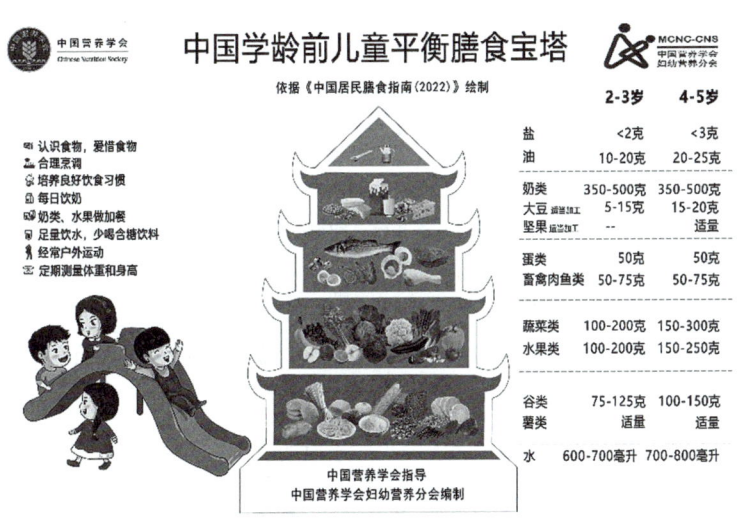

图7-8　中国学龄前儿童平衡膳食宝塔（2022）

二、幼儿的饮食如何才能营养均衡

总的来说，幼儿的饮食应做到"四个搭配"：

粗细搭配——幼儿每天的主食都要既有细粮又有粗粮。

荤素搭配——幼儿的每顿食物都要既有荤菜又有素菜，不应只吃肉而不吃蔬菜。

果蔬搭配——既要多吃水果，又要多吃蔬菜，放弃任何一种食物都是不合理的。另外，幼儿的饮食还要以清淡为主，不要吃过咸和辛辣的食物，不要多吃甜食。

干稀搭配——每天三顿饭都要既有干粮，又有汤或粥，重视喝牛奶和补充水分。

中国民间节令食俗

1. 春节

春节是中华民族的传统节日，除藏、白、傣三族外，其他民族都有过春节的传统。汉族更是以春节为一年中最重要的节日。

春节正值我国的冬末春始，气温相对较低，便于食物的保存，因此许多地方有制作保存盐渍物（如腊鱼、腊肉等）的习俗，其味长、香厚，有特别的风味。

少数民族过年极有特色：如彝族吃"坨坨肉"，喝"转转酒"；壮族吃五斤多重的大粽粑以示富有；蒙古族围火塘吃水饺；等等。

2. 元宵节

元宵节的食、饮大都以团圆为旨，如团子、汤圆等。各地食俗有差异：东北爱吃冻果、冻鱼肉，广东喜欢"偷"摘生菜，拌以糕饼煮食，以求吉祥。

3. 清明节

公历4月5日前后的清明节，主题为"寒食"与扫墓。清明吃寒食，不动烟火，吃冷菜、冷粥。如今因生活水平提高，多吃卤菜、茶叶蛋、面包、饮料等。

4. 中秋节

中秋节也称"秋节""女儿节""团圆节"等，在每年农历八月十五。中华民族对中秋节十分重视。中秋节主要的食物是月饼，象征团圆、吉祥，子辈会给长辈送月饼，朋友之间也会互送。月饼花色品种繁多，风格各异。中秋节还有赏月的活动，伴随赏月活动的还有许多中秋食品，如藕、香芋、柚子、花生、螃蟹等，在中秋时节最为鲜美。

少数民族也非常看重中秋节，有各种中秋活动，品尝各种风格独特的中秋食品，如傣族会围坐饮酒，品尝狗肉汤锅和猪肉干巴，腌蛋和黄鳝干等。

5. 重阳节

重阳节也称"敬老节"或"老人节"，因在农历的九月九日，故名为"重九"或"重阳"。重阳节的食物以奉献老人为主，如花糕、螃蟹，有些地方还吃羊肉和狗肉。祝福老人、避邪躲灾、祈求健康是重阳节的主题，食俗也多围绕这些方面。

6. 冬至节

冬至节也称"贺冬节"，民间有"冬至大如年"的说法。各地的庆典方式有异，但因为冬至是吉日，所以以祭祖、庙会为主。伴随这些活动的食俗包括喝米酒，吃长生面、冬至肉、冬至团、馄饨，等等。

7. 腊八节

腊八节又称"腊日祭"，原是古代庆祝丰收酬谢祖宗的节日，一般认为是驱寒、祭神和辞旧迎新的日子，伴随这些活动的食俗为熬腊八粥和举行家宴。腊八粥也称"五味粥""七宝粥"，由米、豆、果、菜、肉等4～7种原料煮成。腊八粥具有健脾、开胃、补气、养血、御寒等功能。

8. 灶王节

灶王节也称"谢灶节""辞灶节"，一般为农历腊月二十三或二十四。大部分地区称其为"过小年"，北方一般包饺子，南方则准备打年糕、备年货。

9. 除夕

农历岁末最后一天的晚上为除夕，这是我国众多民族共有的节日，流行于全国各地。除夕守岁，千年流传。南方的团年饭又称"年夜饭""宿年饭""年根饭""合欢宴"等，好吃的大菜应有尽有；北方必有饺子，称之为"年年饺子年年顺"。总之，除夕食俗具有团圆和甘美，庆丰收、贺岁迎新等多种含义。

培养幼儿良好饮食习惯的途径和方法

一、定时、定点、定量，合理组织幼儿进餐

幼儿饮食要定时、定点、定量。定时指进餐要有一定的时间，两餐之间要有一定的间隔；定点即幼儿进餐要有一定的地点和固定位置；定量即根据幼儿的基本进

食量进行配餐，这样有利于幼儿胃部对食物的消化平衡。在幼儿园不给幼儿提供零食，也要求幼儿不从家里自带零食，以免幼儿因为多吃零食而积食。

二、了解幼儿进餐时的心理特点

在营造良好的进餐环境前，必须先主动了解幼儿的进餐心理。幼儿的进餐心理主要有以下特点：

第一，好奇心强，喜欢吃花样多变和色彩鲜明的食物。幼儿对食物的色彩、形态特别注意。花样多变的面食、造型有趣的糕点、搭配美观的菜肴，都很受幼儿的欢迎。

第二，味觉灵敏，对食物的滋味和冷热很敏感。幼儿的味觉很灵敏，他们不仅对食物的甜酸反应明显，而且对苦、咸和有异味的食物也很敏感。例如，凡是成人认为较热的食物，他们都认为是烫的，不愿尝试。因此，不宜给幼儿吃太冷或太烫的食物。

第三，喜欢吃刀工规则的食物。幼儿对某些不常接触或形状、颜色奇特的食物，如木耳、紫菜、海带等常持怀疑态度，不愿轻易尝试。因此，需要在幼儿品尝前进行餐前教育，激起他们想吃的欲望。

第四，喜欢用手拿食物吃。生黄瓜、番茄、卤猪肝等食物可以拿在手上吃，因此幼儿对这些食物普遍感兴趣。利用幼儿这一心理特点，对营养价值高但幼儿又不爱吃的食物，如猪肝等，可以让幼儿用手拿着吃。

第五，大都不喜欢吃盛得过满的饭。幼儿看到盛得过满的饭常常会感到很委屈，生怕吃得慢或吃不下而受到指责，却喜欢一次次添饭，并自豪地说"我吃了两碗、三碗"。因此，成人要根据幼儿的胃口适量准备第一碗饭，留下机会让幼儿自己去添饭，以培养幼儿进餐的自信心和动手能力。

第六，挑食的幼儿进餐易情绪紧张。胆小、体弱，有偏食、挑食习惯的幼儿进餐时特别容易紧张，尤其是碰到不爱吃的肥肉、萝卜、大蒜等时，往往边吃边想办法"消灭"这些东西，有时趁成人不注意将它们扔到餐桌下，或塞在口袋里。如果成人再强迫他们进食，他们往往会哭闹。幼儿情绪紧张，会使交感神经过度兴奋，从而抑制胃肠蠕动，减少消化液的分泌，产生饱胀感。因此，根据幼儿进餐时的心理特点来做好食物调配与烹饪，是创设良好进餐环境的重要内容。

三、关注幼儿的用餐情绪，创设良好的进餐环境

进餐环境的优劣直接影响幼儿的进餐质量。进餐环境包括物理环境和心理环境两方面。良好的物理环境要求餐厅光线充足，空气流通，温度适宜。餐桌与餐具清洁美观，大小适当，室内布置优雅整洁。良好的心理环境指气氛和谐，不强迫幼儿进食，不体罚或批评，使幼儿情绪愉快。

（一）餐前活动

进餐环境中的噪声、喧闹、拥挤和污染会抑制幼儿大脑皮质活动，影响进餐质量和消化吸收。餐前的谈话活动可以使幼儿较为兴奋的情绪逐渐恢复到平静，因游

戏结果而产生的消极状态慢慢转化为积极状态,以保证幼儿带着愉悦的心情用餐。帮助幼儿调节情绪,让幼儿在良好而愉悦的情绪下进餐是餐前安静活动的主要目的。此外,还可播放一些轻松、优美的音乐,以促进幼儿食欲。

（二）进餐过程

在进餐时,师幼要进行交流,融知识教育、情感交流、行为与习惯训练于一体。要根据各个年龄班幼儿的特点,正确对待不同饭量的幼儿。进餐时,对于生病的、个别食欲不好的幼儿,应为他们提供清淡可口的饭菜,不要强迫他们吃掉全部食物。若幼儿长期饭量不大但精神状态良好,应尊重幼儿的意愿,能吃多少就吃多少。

促进幼儿食欲的途径和方法

一、养成幼儿规律进食、少吃零食的习惯

血糖降低可以刺激食欲中枢兴奋,激起食欲,所以,要根据幼儿食物排空的规律制定合理的饮食制度,帮助幼儿养成规律进食的习惯。幼儿年龄越小,胃的排空时间越短,需要进餐的次数越多。一般而言,小班是三餐两点,中大班是三餐一点。除一日三餐之外,在上午10时和下午3时应该各安排一次点心时间,其余时间尽量不吃零食,这样可以让幼儿体验饥饿和饱腹的周期性变化,在需要就餐时感到饥饿,在美餐之后有饱腹感。但许多家长对幼儿十分纵容溺爱,幼儿什么时候吃、爱吃什么都没有计划或有计划不执行,结果幼儿养成爱吃零食的习惯,血糖水平一直维持在较高水平,食欲中枢得不到刺激,也就难有良好的食欲。

二、培养幼儿喜爱各类食物、不偏食的习惯

每种食物都有其营养价值,没有任何一种食物能够满足幼儿的所有营养需要,所以,要达到合理营养、营养均衡的目的,必须每日摄入尽可能多的食物种类,这就需要幼儿喜爱各类食物,不偏食。

第一,早预防。在婴儿哺乳期就应注意及时为其科学地添加辅食,培养婴儿对不同食物的兴趣,及早预防偏食。

第二,提供可促进食欲的饮食。根据幼儿的心理特点,为幼儿提供色香味形俱佳的食物,以诱人的食物增强幼儿的食欲。另外,营造良好的饮食环境也是十分必要的。

三、注意运动卫生

爱玩的幼儿由于饭前做剧烈运动,因而会抑制食欲中枢的兴奋,影响食欲,所以,饭前应避免做剧烈运动。另外,食欲也与活动量有关,如果活动量有限,热量消耗有限,就会缺乏饥饿感而影响食欲。

四、提供幼儿喜爱的餐具

进食期间的心理体验往往影响幼儿的食欲。为了增强幼儿的食欲,可以为幼儿

提供可自由选择的可爱餐具。

五、及时治疗各种影响食欲的疾病

偏食会导致幼儿营养不良，缺乏一些微量元素，如锌、铁等，致使机体组织代谢紊乱，进而影响食欲，所以，一定要培养幼儿对各种食物的兴趣，循序渐进地纠正幼儿的偏食。各种慢性疾病或肠道寄生虫病也会造成因营养素消耗而导致的营养不良，进而影响食欲，所以，要及时发现并治疗这些疾病。

学前儿童体育活动

 内容导读

学前儿童体育是学前儿童全面和谐发展教育的一个有机组成部分，也是学前儿童健康教育的重要内容之一。科学的、适合幼儿的体育活动，对于幼儿提高身体素质、增强体质、提升健康水平、将来更好地适应社会生活等，都具有重要的促进作用和深远意义。因此，学前儿童健康教育要充分重视学前儿童体育。本章主要以学前儿童体育活动的价值、体育活动的目标与组织形式、体育活动的设计与指导为主要内容，让学生领会体育活动的组织类型与设计内容，从而形成科学的体育活动观念，在具体的实践操作中能够学以致用。

 **精彩回放**

体育活动设计
1. 小班体育活动"猫咪快递员"
2. 中班体育活动"纸盘游戏"
3. 大班体育活动"跳绳大闯关"……………………………………………146

第一节　学前儿童体育活动概述

学习目标

1. 明确学前儿童体育活动的概念；
2. 能够阐述学前儿童体育活动的价值及意义；
3. 形成科学合理的学前儿童体育活动观念。

一、学前儿童体育活动的概念

学前儿童体育活动是发展与指导幼儿动作的重要形式，是遵循幼儿身体生长发育规律，以增强幼儿体质、提升幼儿动作发展水平为目的而开展的活动。教师应坚持在保教结合的前提下，科学合理地组织体育活动，积极促进幼儿各方面素质的协调发展。

二、学前儿童体育活动的价值

学前儿童体育不仅能促进幼儿身体的健康发展，还对幼儿的心理以及社会性的发展具有积极的影响作用。因此，在学前儿童健康教育工作中要充分认识、肯定和挖掘学前儿童体育的价值，为培养健康的幼儿而努力。

（一）促进幼儿身体的发展

健康是保证人发展的物质基础。人的认知、情感、行为等方面的发展，都建立在身体健康的基础上。健全的大脑是心理发展的重要保证，健康的身体是心理发展的物质基础。人要在社会中求得生存并得到发展，首先必须有健康的身体。

从幼儿身体发展的特点看，学前期正是一个人生命起步、开始发展的阶段。幼儿身体各器官、系统的机能尚未发育成熟，组织比较柔嫩，其物质基础还相当薄弱。同时，学前期又是生长发育十分迅速和旺盛的时期。因此，促进幼儿身体健康发展乃是此时期的首要任务，它是实现幼儿健康、全面、和谐发展的基础和重要条件。

身体运动对于幼儿身体发展的促进作用主要是通过对身体施加一定的刺激（即运动刺激）来实现的。一定的运动刺激作用于幼儿的机体，使机体承受一定的生理负荷，这种刺激的经常化，促使机体内部不断地调整而逐渐产生适应性变化，从而使机体在形态、结构和机能上得到一定的完善和提高。身体运动对幼儿的许多器官、系统都会产生重要的影响。其中，影响较大的是运动系统、血液循环系统、呼吸系统及神经系统。

（二）促进幼儿认知的发展

许多专家学者对身体运动、运动能力的发展与智力发展之间的关系进行研究。相关研究证实，对于幼儿来说，二者之间的关系是比较密切的，而且年龄越小，其相关程度就越高。其原因是年龄越小的儿童，智力的发展与身体运动的发展就越没有明显分化，其智力与其他各种机能处于一体化的状态。如在婴儿期，我们所能观察到的婴儿的主要活动就是身体的活动，感觉运动能力反映了婴儿智力发展的水平。同时，在身体运动的过程中，还伴有大量认知活动。例如，在运动中需要认识并记忆身体部位的名称或玩具、运动器械的名称，需要理解游戏活动的过程和规则，需要注意观察教师的示范动作，需要通过想象模仿和表现人、事、物的各种姿态或活动，需要学习、掌握和运用基本的空间、时间概念和多方面的知识，需要对变化的情况迅速做出正确判断等，所有这些都离不开幼儿积极的认知活动。通过各种身体运动，幼儿可以获得丰富的知识和运动经验，使他们的知觉更敏锐，观察更细致，语言更丰富，记忆力、想象力、思维能力和判断力都能够得到一定的提高。

（三）促进幼儿良好个性的形成

运动能使人心情开朗、精神振奋、积极活泼，尤其是幼儿期的运动经验，对人个性的形成具有重要影响。有研究表明，身体活动的能力影响幼儿自我概念的形成，幼儿能做什么、不能做什么，主要是由其身体活动的能力决定的。因此，幼儿对自己身体活动能力的确认，有可能成为其自我概念的中心。身体活动能力较强的幼儿，往往会得到成人较多的赞许以及来自同伴的羡慕和钦佩，因而会逐渐形成肯定自我的信念。这种良好的感觉将促使他们对其他事情也抱有较强的信心，愿意大胆、独立地尝试新事物，行为更积极主动，经常表现出较强的探索精神和独立性、自主性。

（四）提高幼儿的社会适应能力

身体运动的种类和项目很多，其中绝大多数需要在社会性的场合中进行。这就需要幼儿学会与他人友好合作，遵守游戏规则，克服冲动，学会等待和忍耐，懂得分享，还要具有公平竞争意识、团队精神及责任感等。因此，身体运动为培养幼儿良好的社会适应能力、人际交往能力创造了有利的条件和机会。

第二节　学前儿童体育活动的目标与组织形式

学习目标

1. 能够描述学前儿童体育活动不同层次的目标；
2. 熟知学前儿童体育活动的组织形式；
3. 能够根据不同体育活动的组织形式制订相应的活动目标。

一、学前儿童体育活动的目标

（一）学前儿童体育活动总目标

学前儿童体育活动总目标就是幼儿园体育工作所要达到的总的预期目的，它揭示了体育活动影响幼儿发展的变化趋势，是幼儿发展的努力方向，也是幼儿园实施体育活动应当完成的任务。学前儿童体育活动的总目标包含三点：

第一，激发幼儿参加体育活动的兴趣，提高幼儿对体育活动的积极性、主动性和创

造性,开发幼儿的运动潜能;

第二,激发幼儿活泼愉快的情绪和乐观开朗的性格,培养幼儿坚强、勇敢、不怕困难的意志品质和主动、乐观、合作的态度;

第三,促进幼儿身体正常发育、机能协调发展,增强体质,提高机体对环境的适应能力。

(二)学前儿童体育活动阶段目标

《指南》指出,学前阶段是幼儿身体发育和机能发展极为迅速的时期。学前儿童体育活动能够很好地培养和锻炼幼儿的呼吸机能和内部机能的发展,改善幼儿的身体素质。不同年龄阶段幼儿体育的发展目标见表8-1。

表8-1 学前儿童体育年龄阶段目标

小班(3~4岁)	中班(4~5岁)	大班(5~6岁)
1. 能上体正直、自然地走和跑;能向指定方向走和跑;能在指定范围内四散跑、追逐跑;能步行一公里,连续跑约半分钟,能一个跟着一个走,走成一个圆;能较轻松地双脚交替跳着走 2. 能较轻松自然地双脚同时向前跳、向上跳;能从25厘米高处自然地向下跳 3. 能双手用力将球向前、上、后方抛;能单手自然地将沙包等轻物投向前方 4. 能在平行线(或窄道)中间走;能在宽25厘米、高(或斜高)20厘米的平衡木(或斜坡)上走 5. 能在65~70厘米高的障碍物(如绳子、皮筋、拱形门等)下钻来钻去;能手膝着地(垫)自然协调地向前爬;能倒退爬;能钻爬过低矮障碍物;能在攀登架上爬上爬下,或从网的一侧爬越至另一侧(必要时教师可以帮助) 6. 初步学会听各种口令和信号并做出相应动作;能边念儿歌或边听音乐做模仿或简单的徒手操 7. 会玩滑梯、攀登架、转椅等大型体育活动器械并注意安全;会骑小三轮自行车;会推拉独	1. 能听信号按节奏上下肢协调地走和跑;能听信号变速走、变速跑;能听信号变化方向走;能前脚掌着地走、倒退走;能跨过低障碍物走;能绕过障碍物跑;能快跑20米,走跑交替(或慢跑)200米左右;能在一定范围内四散追逐;能步行1.5公里,连线跑约1分钟;能听信号切断分队走、一路纵队走 2. 能自然摆臂连续纵跳触物(物体离幼儿高举的手指尖20厘米左右);能双脚熟练地向前跳或双脚在直线两侧行进跳;能立定跳远,跳距不少于30厘米;能双脚站立由高30厘米处往下跳,落地轻稳;能助跑跨跳平行线,跳距不少于40厘米;能单、双脚轮换跳,单足连续向前跳 3. 能肩上挥臂投掷轻物;能自抛自接低(高)球;能两人近距离互抛互接大球;能滚球击物;能左右手拍球 4. 能在宽20厘米、高30厘米的平衡木(或斜坡)上走;能原地自转至少3圈不跌倒;能闭目向前走至少10米 5. 能熟练协调地在60厘米高的障碍物(如圈、拱形门等)下较灵活地侧钻;能手脚着地(垫)	1. 能轻松自如地绕过障碍进行曲线走和跑;能快跑30米或接力跑;能走、跳交替(或慢跑)300米左右;能步行2公里,连续跑约1分半钟;能听信号左右分队走 2. 能原地蹬地起跳连续纵跳触物(物体高幼儿举手指尖25厘米左右),能双脚熟练地改变方向(前、后、左、右、转身)跳;能从35~40厘米高处自然地跳下,落地轻稳;能立定跳远,跳距不少于40厘米,能助跑跨跳平行线,跳距不少于50厘米;能助跑跳远,跳距不少于40厘米;能助跑屈膝跑过高度约40厘米的垂直障碍,能连续向前跳越多个高40厘米、宽15厘米的障碍 3. 能半侧面单手投掷小沙包等轻物约4米远;会肩上挥臂投掷轻物并投准目标(如直径不少于60厘米的标靶,投掷距离约3米);能抛接高球,或两人相距2~4米互抛互接大球 4. 能在宽15厘米、高40厘米的平衡木上交换手臂动作(叉腰、平举、上举等)或持物走;能两臂侧平举闭目起踵自转至少5圈不跌倒;能两臂侧平举单足站立不少于5秒

续 表

小班（3～4岁）	中班（4～5岁）	大班（5～6岁）
轮车；会滚球、传球、抛接球和原地拍皮球；会利用球、绳、棒、圈等小型多样的体育器材进行身体锻炼 8. 喜欢并愿意参加体育活动；初步掌握体育活动的有关知识和规则，团结合作，爱护公物；能合作收拾某些小型体育器材	协调地向前爬；能手脚熟练协调地在攀登架、攀登网或肋木上爬上爬下；能团身滚 6. 能较熟练地听信号集合、分散、排成4路纵队（包括切断分队）；能随音乐节奏较准确地做徒手操和轻器械操 7. 会玩跷跷板、秋千等各类大型体育活动器械；会骑小三轮车、带辅轮的小自行车；会用球、绳、棒、圈及其他废旧材料（如易拉罐、可乐瓶、报纸等）开展小型多样的体育活动 8. 具有一定的抵御寒、暑、饥、渴的能力和抵抗疾病的能力 9. 喜欢并能较积极地参加体育活动，初步养成参加体育活动的习惯；能较自觉地遵守体育活动的规则；互助合作、爱护公物，能及时收拾小型体育器材	5. 能熟练协调地侧身、缩身钻过50厘米高的障碍物（如拱形门等）；能手脚交替协调熟练地在攀登架或肋木上爬上爬下，能在单杠或其他器械上做短暂的悬垂动作；能在攀登绳（棒）上爬高约15米；能熟练地在垫上前滚翻、侧滚翻 6. 能熟练地听各种口令和信号并做出相应的动作；能听信号迅速地集合、分散、整齐列队、变化队形；能随音乐节奏有精神地做徒手操和轻器械操，动作有力、到位 7. 会玩低单杠、秋千、脚蹬车或其他大型体育活动器械，会踩高跷、跳绳（50次以上）、跳皮筋；会运球、传接球、用脚踢（带）球；会用球、绳、棒、圈、积木、报纸、轮胎或其他废旧材料开展各种身体锻炼活动 8. 具有较强的抵御寒、暑、饥、渴的能力和抵抗疾病的能力 9. 热爱体育活动，有积极参加各种身体锻炼的习惯；能自觉遵守体育活动的规则和要求，合作、负责、宽容、谦让、爱护公物，有较强的集体观念；敢于克服困难，能体验克服困难取得胜利后的愉悦；能独立或合作收拾各种小型体育器材

（三）具体体育活动目标的制订

体育活动的目标作为体育活动的出发点和归宿，直接影响教师对体育活动内容的选择和编排，并影响体育活动的过程、方法及环境和材料的布置和利用，也影响体育活动的评价。

制订具体的体育活动目标时，必须按照幼儿的发展水平和实际条件，充分考虑体育活动的内容和形式的不同，有针对性地制订。制订体育活动目标时有以下三个要求：

第一，一个具体体育活动的展示及其目标的实现是达成阶段目标的必然环节，因此，在制订具体的活动目标时，应紧扣阶段目标；

第二，活动目标的内容应从发展幼儿的认知、情感及动作和技能等方面全面考虑，体现活动功能的综合性，在表达时，每一方面尽量分别阐述，避免交叉，但也应考虑突出重点，不必面面俱到；

第三，表述要具体、明确、操作性强，宜采用幼儿行为目标表述方式，即以幼儿应习得的各种行为来表述活动的目标。

案例分享

1. 小班体育活动"小青蛙跳圈圈"活动目标：
① 对跳圈感兴趣，愿意尝试多种方法跳圈；
② 练习双脚跳圈，锻炼腿部力量；
③ 喜欢体育活动，愿意参与集体游戏。

2. 中班体育活动"投沙袋"活动目标：
① 练习正确挥臂投掷沙袋的动作；
② 发展动作的协调性和灵活性；
③ 在活动中体验与同伴友爱互助的快乐。

3. 大班体育活动"纸飞机飞上天"活动目标：
① 通过自主探索，尝试投掷纸飞机的正确方法；
② 练习挥臂投掷纸飞机，发展动作的协调性、灵敏性；
③ 能遵守活动规则，勇于克服困难，体验成功的快乐。

二、学前儿童体育活动的组织形式

（一）体育课

体育课是一种有目的、有计划、有组织的体育活动。它以身体练习为主要内容，注重幼儿身体的全面发展，有目的、有计划地提高幼儿的身体素质，发展幼儿的基本活动能力，增强幼儿的体质。同时，体育课也包含一定的教学活动，重视促进幼儿智力和良好个性品质的发展。因此，体育课是实现幼儿体育任务的基本途径之一。

体育课不仅需要幼儿认识的参与，更需要幼儿身体的直接参与。在体育教学活动中，既要考虑和遵循幼儿认识的特点和发展规律，又要遵循人体生理机能活动变化的规律，以及动作技能形成的规律。体育课还必须符合幼儿的生理、心理特点和发展水平，把游戏作为主要的活动方式，要增强每个幼儿的体质，愉悦其身心，使每个幼儿的体质在原有水平上得到一定的提高，而没有统一的达标要求。

体育课的主要任务是：全面锻炼身体，增强幼儿体质；传授简单的体育知识和技能；发展幼儿智力；培养优良品质、锤炼意志，发展个性；等等。完成一次体育课的教学任务、上好一堂体育课，要经历备课、上课、课后辅导和复习、对教学效果的检查和评定等教学环节。其中，上课是中心环节，备课是关键，复习巩固、检查和评定也是不可缺少的环节，它们是一个有机的整体。

（二）早操

早操是幼儿园在早晨开展的、以基本体操为主要内容的一种体育活动组织形式。它是幼儿园作息制度中不可缺少的一部分，在增强幼儿体质、进行教育和一日生活的组织方面都具有一定意义。

早操能使幼儿精神饱满、情绪愉快地开始一日的活动，使其身体较快地进入状态，提高活动效率；能培养幼儿良好的体育锻炼习惯和态度，全面锻炼身体，促进身体各部分均衡发育，培养正确的身体姿势；能发展幼儿的注意力，培养幼儿活泼乐观的性格，以及关心集体、遵守纪律等优良品德。总之，早操能使幼儿在一日生活中有一个愉快的良好开端。

1. 锻炼身体，增强体质

早操活动一般在户外进行，户外的空气比较凉爽、清新。而且在寒冷的冬季，早操活动能够有效提高幼儿机体对自然环境的适应，增强抵抗能力，预防感冒和减少呼吸道疾病。各种丰富多彩的早操活动能够全面锻炼幼儿的运动系统，增强幼儿的心肺功能，促进幼儿动作的发展，有利于形成良好身体姿态。

2. 提高意志力，培养习惯

早晨气温较低（尤其是在冬季），坚持日复一日地锻炼，不仅有利于幼儿形成不怕寒冷、不怕困难、坚持不懈的良好意志品质，而且有利于幼儿养成良好的生活习惯，培养积极乐观的人生态度，可以使幼儿受益终身。

3. 提高学习状态

早操活动能够有效激发和恢复幼儿机体各器官系统的工作能力，消除睡眠后神经系统的抑制状态，将机体调整到适宜的兴奋状态，促进幼儿精力充沛、情绪愉快地开始一日生活。

（三）户外体育活动

《规程》明确规定，正常情况下，幼儿"每日户外体育活动不得少于1小时"。户外体育活动是幼儿园体育活动的重要组织形式之一，它具有活动内容丰富、活动时间较长、灵活性大、幼儿自主性强等特点，有利于教师发挥主导作用和贯彻区别对待等教学原则，也有利于发挥幼儿的主动性、积极性，更好地培养他们的独立性和创造性。同时，能充分利用自然条件——空气、阳光进行体育锻炼。

根据幼儿的心理、生理特点，户外体育活动一般安排上、下午各一次。具体时间可根据不同地区、不同季节灵活安排。根据幼儿园的场地类型（草地、沙土地、塑胶地、水泥地等）不同，器材大小、数量多少不同，班级数不同等客观因素，组织的形式也不完全相同，要对班级、场地、运动器材进行合理的安排和分配，充分发挥各自的作用。

户外体育活动一般由教师带领全班幼儿进入指定的活动场所，布置活动的内容和要求（包括器材名称、玩法、器材交换、活动范围、活动时间、集合信号等）。然后，选择教师直接指导下的集体体育活动，或间接指导下的分散体育活动。幼儿活动时，教师应全面观察和给予一定的指导，指导包括对幼儿进行鼓励、启发、引导、参与、帮助、保护、纠正等。

幼儿在户外活动不仅能锻炼身体，而且能直接受到阳光、空气和温度等自然因素的刺激，这对幼儿运动系统、呼吸系统、循环系统、神经系统的健康发育尤为重要。户外体育活动还能弥补早操和体育课的不足，以分散的小组活动和个人活动为主，可以充分考虑和兼顾幼儿的不同兴趣、爱好和能力水平。幼儿还可以自选活动项目和运动器材，在活动中发展自己的动作和身体素质，不会感到有什么压力，从而能轻松、愉快、自由地尽情活动。户外体育活动尊重幼儿的选择，可以培养幼儿的独立性、自主性和创造性。幼儿自由结伴游戏，有助于社会性的发展。

（四）远足活动及短途旅行

《纲要》中多处明确指出，幼儿园应与家庭、社区密切配合，综合利用各种教育资源，即充分利用自然环境和社区的教育资源，扩展幼儿生活和学习的空间。这就需要经常带领幼儿走出幼儿园，到社会大天地学习更多的知识、经验，逐步学会适应生活、适应社会。走路是强身健体的法宝，百练不如一走。远足是一项有目的、有计划、因地制宜的、符合幼儿身心全面和谐发展并具有综合性教育内容的阶段性活动。

远足可以锻炼幼儿身体，促进其身体形态、机能的正常生长、发育；培养幼儿在生活中正确运用走、跑、跳跃等基本动作技能；提高幼儿的身体素质和基本活动能力，增强幼儿身体的适应能力和抵抗疾病的能力。

远足或短途旅行活动可以拓宽幼儿的视野，使其欣赏大自然的美景，领略大自然的美妙，增长知识，提高幼儿的观察力、注意力、思维能力、认知能力和语言表达能力；可以培养幼儿热爱祖国、热爱家乡、热爱他人的良好意识，养成自觉遵守社会道德规范、文明礼貌的良好行为，培养幼儿适应环境、认识自我、克服困难、持之以恒、自理自立、学会生存等能力；可以使幼儿开心、开朗、活泼、愉快地成长。

（五）体育节

体育节又称运动会，既是幼儿体育活动的组织形式之一，又是幼儿体育活动的节日。体育节是全体幼儿都参加，以体育游戏、基本体操为主要内容，以丰富幼儿生活、培养集体意识、感受运动乐趣为目的的全园性体育盛会。

体育节可使幼儿感受节日的欢乐气氛，激发幼儿的运动兴趣，提高其运动积极性；增进不同年龄、不同班级幼儿之间的了解和交往，丰富幼儿的生活、活动内容；有利于家长观察和了解自己孩子的运动健康状况，加强家园之间的沟通和合作。

（六）体育谈话

体育谈话是指利用饭后、睡前或活动间隙，采用集体、小组或个别形式进行体育活动的谈话。谈话的内容大致包括：介绍粗浅的体育知识，如动作要领、球赛知识、比赛规则等；介绍幼儿体育活动情况（尤其是身边的事），帮助幼儿克服困难、交流经验；介绍电视新闻、报纸杂志中的体育新闻热点，如奥运会的夺金项目、体育明星事迹等，激发幼儿热爱祖国的感情，使其初步形成为国争光的意识。

（七）家庭体育活动

关心幼儿的健康成长是家长的责任和义务，家园应该密切配合，共同对幼儿进行身心健康教育工作，科学地开展家庭体育活动。家长和幼儿一起做操、玩游戏，不仅能锻炼身体，而且能增进感情，还可以抓住时机对幼儿进行了解、引导和教育工作。

家长应尽力帮助幼儿养成锻炼身体的良好习惯。在此基础上，家长可以选择多种家庭体育活动形式，提高锻炼的效果，达到增强体质的目的。

第三节　学前儿童体育活动的设计与指导

学习目标

1. 熟知掌握体育活动的设计步骤；
2. 懂得使用适宜的方式组织开展体育活动；
3. 能够熟练设计学前儿童体育活动。

一、学前儿童体育活动的设计步骤

（一）确定活动目标

幼儿园体育活动的目标引领并规范着幼儿身心健康发展的方向和水平，同时也是衡量幼儿园体育活动的评价标准。每个具体的活动目标都是为实现阶段目标而制定的，因此，在制订活动目标时一定要把握其与阶段目标的关系，能够实现阶段目标的要求或更上一级的目标要求。而且，体育活动的内容、形式不同，活动目标的侧重点也应有所差异。此外，幼儿个体的实际情况对制订活动目标的影响也是至关重要的。因此，教师要充分考虑幼儿原有知识能力、情感水平与当前活动的关系。

目标既要详细，又要有一定的概括性，以便指导活动和进行评价。目标内容要考虑幼儿认知、情感、动作技能发展等方面的情况。目标表述以发展目标为主，有效体现体育活动的特点，做到简洁明了，应具体、明确、适宜、可操作。同时，应以活动技能为主导和前提，兼顾其他目标的完成，合理体现技能目标达成的层次性。

案例分享

1. 小班体育活动目标：
① 练习匍匐向前爬的动作，锻炼手脚灵活性和协调性；
② 能够有序地爬过山洞，不拥挤，不插队；
③ 喜欢参加集体游戏，并从中体验到快乐。
2. 中班体育活动目标：
① 能够看准目标，双脚同时向上纵跳触物，掌握动作要领；
② 能够快速越过障碍物，提高动作的协调性和灵活性；
③ 体验和同伴共同游戏的快乐。
3. 大班体育活动目标：
① 通过玩梯子，发展攀登、爬、走、跑等基本动作，进一步提高动作的协调性、灵活性；
② 能够独立或初步合作探索梯子的多种玩法，学会分工合作，培养勇于尝试的精神和初步的竞争意识；

③ 体验在情境中进行体育游戏的乐趣，激发亲近自然、热爱劳动的意识。

（二）选择活动内容

幼儿园体育活动的内容是要解决在幼儿园实施体育活动时教师教什么或幼儿应学什么的问题。一般情况下是根据目标选择内容，但是也可以基于活动内容的难易程度与目标实现的可能性的考虑而适当地修改活动目标。同时，随着幼儿年龄的增长，其活动的要求和难度也应有所提高。最后，还要考虑活动场地及活动器材的有效利用。

（三）明确活动重难点

教学活动重点是一次教学活动的重要目标，难点是对幼儿学习过程中可能出现的困难的估计。找出重点是为了突出、强化。找出难点是为了帮助、克服。

案例分享

1. 小班体育活动重难点：
重点：发展向指定方向跑的能力。
难点：巩固对几何图形的认识。
2. 中班体育活动重难点：
重点：学习弯腰半蹲走。
难点：能加快速度通过不同高度的隧道。
3. 大班体育活动重难点：
重点：通过各种跳绳游戏的体验活动掌握一定的技能。
难点：在练习中能够掌握跳绳的方法，做到自主学练和合作锻炼。

（四）做好活动准备

体育活动准备包括在活动过程中可能需要的体育器材，以及幼儿应具备的身体动作技能和身体素质等。

（五）策划活动过程

学前儿童体育活动的活动过程是指组成一次活动的若干部分，以及它们之间的相互关系。此外，活动过程还包括每个部分活动内容安排的顺序和层次，以及活动组织工作和时间的分配等内容。学前儿童体育活动包括准备部分、基本部分和结束部分。其中，准备部分适应于生理机能能力上升阶段，基本部分适应于平稳阶段，结束部分适应于下降阶段。目前很多体育教学活动的微细过程虽然不同，但总体上都遵循这一规律。

1. 准备部分

（1）任务。准备阶段的任务是把幼儿组织起来，集中注意力，说明活动的内容与要求，激发幼儿参与学习和活动的兴趣，使幼儿精神振奋，情绪活跃。同时通过组织一些基本的身体活动，培养幼儿正确的身体姿势和体态，发展主要肌肉群，全面锻炼幼儿身体，逐步提高人体的活动能力，使幼儿各器官系统机能及时进入良好状态，从生理和心理上为基本部分的学习内容做好充分的准备。

（2）内容。准备部分的活动内容按其性质和任务，可分为组织活动所要求的常规活动和一般性准备活动。

常规活动包括集合幼儿，整队，向幼儿简要说明活动的内容要求，集中注意力练习和激发幼儿活动情绪的练习，以及进行排队和变换队形练习等。

一般性准备活动包括走绳、慢跑步、徒手操和轻器械操，开展一些提高身体素质的练习，为基本部分的活动做准备练习，可以组织舞蹈、律动和运动负荷不大的游戏。

准备部分的活动内容要注意全面性、针对性、多样性。以上介绍的只是一般的典型过程，不是每一次活动都要面面俱到。但是，为基本部分活动做准备的热身活动，集中幼儿注意力和激发幼儿活动兴趣，使幼儿活动情绪活跃起来的措施，是每次活动都要进行的。

活动的组织方法一般是全班一起做，各种体操练习一般是定位做，但也可以行进间做。

（3）时间。一般要根据幼儿的生理特点，准备部分和基本部分的活动特点，以及气候、季节等因素而定。准备部分一般占总活动时间的10%～20%，但也不是固定不变的。幼儿身体器官的惰性相对较小，机能活动能力上升较快，因此年龄越小，活动时间就越短，活动量可稍快增大，准备部分与基本部分的界限也越不明显。

案例分享

1. 小班体育活动准备部分：
检查幼儿衣服、鞋子等情况，为活动做准备。进行引导活动，放松关节。

2. 中班体育活动准备部分：
引入道具，介绍纸盘，做纸盘操放松关节。

3. 大班体育活动准备部分：
热身运动，教师随着音乐的律动和幼儿一起做热身运动，做一些灵活关节的动作（起跳、小跑步、爬的动作）。

2. 基本部分

（1）任务。完成本次活动的活动目标，即通过复习旧内容，学习新内容，或安排运动负荷稍大、内容较难的活动，使幼儿掌握体育的基本知识、技术和技能，发展幼儿的动作能力，提高幼儿的身体素质，培养幼儿的良好品质，发展智力等。

（2）内容。以《指南》规定的内容为主，具体根据活动目标规定的有关内容进行选择。经常开展的活动有发展基本动作和身体素质的游戏、基本体操、其他传统体育游戏等。

基本部分活动内容一般安排两个或两个以上，安排时要注意以下五点：

① 新活动或较复杂的协调性强的活动安排要靠前一些，复习活动或不复杂的活动安排要靠后一些；

② 应把发展速度、灵敏、平衡的内容放在发展耐力、力量的内容前面；

③强度小、活动量小的内容应放在强度大、活动量大的内容前面；
④活动内容涉及上下肢不同部位或不同性质的练习时应注意交替进行；
⑤活动内容易引起高度兴奋或提高身体素质的游戏，应放在其他活动内容后面。

具体实施时往往会出现各种情况交叉的现象，则应考虑活动的目标、幼儿的特点、场地器材等条件，但整个活动的运动负荷高峰一般应安排在基本部分。活动时要注意培养幼儿活动兴趣，增强幼儿体质的原则，掌握好负荷的节奏，合理安排活动顺序。在安排新旧活动内容搭配时，要注意与准备部分活动内容的衔接和向结束部分活动过渡，一般不能整个部分都教新的活动。

活动的组织方法应灵活多样，可以采用全班的、分组的或个人的形式进行。为了便于教师指导，一般教授新的活动时最好不采用分组或个人分散的活动。

（3）时间。基本部分一般占总时间的70%～80%。

3. 结束部分

（1）任务。有组织地结束活动，使幼儿的机体和情绪从兴奋状态逐渐过渡到相对平静的状态，同时对本次活动进行简单小结和评价。

（2）内容。安排一些逐渐降低运动负荷的练习，如慢走，较平静的游戏，放松肢体的放松操，活泼、轻松、负荷小的舞蹈或律动，相互按摩与自我按摩，等等。同时对本次活动进行讲评和小结，并组织幼儿整理教具和器材。活动的组织方法可根据实际需要采用全班或分组的形式进行。

（3）时间。结束部分一般占总时间的10%左右。结束部分与基本部分之间有时并无明显的界限，具体内容和运动负荷应根据基本部分的活动而定。如果基本部分的生理、心理负荷偏大，结束部分就应时间长一些；如果基本部分的负荷不大，结束部分时间就应短一些。活动小结要简明扼要，有针对性，活动评价应以表扬幼儿为主。对表现不够理想的幼儿，不要训斥和责怪，要以鼓励为主，并从积极的方面提出改进的意见。同时，要对全体幼儿完成活动的情况进行简短评价，对大班幼儿还可以提出活动结束之后的练习要求。

活动过程的三个部分是相对稳定的，都要承担锻炼身体、实现活动目标的任务。三个部分在内容、活动负荷、时间等方面都有一定的联系，但所组织活动的性质、特点，以及对幼儿身心的影响、练习顺序、教师和幼儿活动的组合、所占用的时间都不尽相同，各部分在内容、活动负荷和时间上也有相互制约的方面。它们既有联系又相互制约，既有共性又有个性，共同组成了一个有机的整体。

总之，体育活动过程没有固定的模式，应从有利于更好地实现活动目标出发，根据影响活动过程的各种因素及教师本身特点而灵活变化。

 案例分享

中班体育活动结束部分：
① 小结讲评，表扬积极动脑、有尝试精神、参加了活动的幼儿；
② 教师预告下次还要玩投飞盘的比赛，看谁投得最远。

（六）具体体育活动的设计

1. 早操活动设计

幼儿园早操活动是幼儿一日生活的开始部分，是幼儿在教师的组织引导下进行的专门性身体锻炼活动。一般来讲，早操活动主要是以散步排队和队形变化、体操、体育游戏或体能活动的形式进行。

小班晨间锻炼

一、活动准备

做早操时用的音乐光盘、单元筒、飞盘、体能环、体操垫、托球杆等。

二、活动内容

1. 引导幼儿听音乐做动作，做好准备活动

（1）音乐《玩具进行曲》响起，幼儿一边听音乐做拍手动作，一边走成一个大圆圈。当走成大圆圈时，幼儿面向圆心站好；

（2）变换音乐，幼儿根据音乐做模仿动作，活动身体各部位。

2. 玩体育游戏，发展幼儿的身体素质，培养幼儿对运动的兴趣

（1）集体游戏。

游戏1：小汽车嘀嘀嘀

幼儿用飞盘、小号体能环、体操垫做方向盘，在用单元筒摆好的路线上行进。教师要提示幼儿身体不要碰到单元筒。

游戏2：蚂蚁运豆豆

幼儿单手拿住托球杆托住小球，行进到场地一端。放下小球后沿原路返回，将托球杆交给下一个幼儿，游戏继续进行。

（2）自由分散游戏。

幼儿自由选择游戏材料，自由进行游戏活动。

3. 活动结束

（1）音乐《虫儿飞》响起，幼儿收拾、整理材料。

（2）幼儿和教师一起做放松动作，活动结束。

2. 户外体育活动设计

《纲要》指出，幼儿每天的户外活动时间应不少于2小时，其中户外体育活动时间不少于1个小时。气温过高或过低的季节或地区应因地制宜，选择温度适当的时间段开展户外活动，也可根据气温的变化和幼儿的个体差异，适当减少活动时间。

户外体育活动主要进行比较自主、自由的体育活动，教师在活动过程中起到直接指导或间接指导的作用，是对限定性比较强的晨练和早操活动的延伸和补充，能更好地满足不同幼儿的需要。这里所说的户外体育活动不同于体育教学活动，主要是指非正规的、结构化的幼儿体育活动，在时间安排和活动安排上相对灵活和宽泛。户外体育活动

的类型包括集体封闭式、分散开放式、分组或分组轮换式，以及循环式。

（1）集体封闭式。活动特点是内容单一，往往在教师直接指导下进行，活动有较严密的组织性。多用于小班。

（2）分散开放式。活动特点是内容丰富，幼儿可根据自己的兴趣自选活动器材自由开展活动。活动进行时，幼儿可以单独活动，也可以自愿与同伴结合进行合作活动。

（3）分组或分组轮换式。活动特点是由两组或两组以上的幼儿同时进行两项以上的活动，活动与活动之间有时相互独立，有时可以相互轮换。

（4）循环式。活动特点是灵活性更大、操作性更强、适应性更广，它将活动的内容依次排列，且分组活动、依次循环，可将活动量大的活动与活动量小的活动间隔开，上肢活动与下肢活动、局部活动与全身活动相互配合，更能保证锻炼的科学性和全面性。

大班体育活动：小小建筑工人

一、活动目标

1. 发展平衡及四肢协调活动的能力；

2. 发展勇敢果断的品质。

二、活动准备

1. 物质准备：独轮车4辆，在距起点3米处的地面画出宽20厘米、长6米的窄道当作小桥（有一定的高度及斜坡），作为"砖"的积木（每个幼儿1块）。

2. 经验准备：幼儿已有搭建楼房的经验。

三、活动过程

1. 带领幼儿活动身体

教师带领幼儿在户外场地慢跑，做热身运动，重点练习上肢、下肢动作。教师示范推独轮车并讲解。

将幼儿分成四组，在平地上练习推独轮车走的动作，理解这个动作对身体重心、平衡等的要求。

2. 玩游戏"运砖盖楼房"，学习推独轮车跑

师：小建筑工人们，我们刚刚接到一个任务，工地急需砖块盖楼房，请我们去送砖盖楼房，看看哪组最先运到并盖好楼房吧。

将幼儿分成四组，站在起跑线后。听到指令后，第一个幼儿将砖放到车里，推着独轮车跑出，将车推过小桥，用砖搭建高楼，再推车回到原位；第二个幼儿在起跑线后推车出发。最先运完砖将楼房盖好的小组为胜。

教师要给幼儿提出相应的要求：每人每次只能运一块积木（砖），运完后从右边绕回来要走独木桥。

本组幼儿可商量好搭建的主题，各组为搭建好的楼房取名字，并确定由谁来讲解。

分组讲解搭建主题，幼儿评选最佳楼房。

3. 游戏结束

幼儿推着小车、拿着积木离开场地。

四、活动建议

重点提示：① 搭建的场地要平整，保证有足够的活动空间；② 游戏再次进行时，幼儿要提前商量好搭建的主题；③ 在游戏中，个别幼儿会出现胆怯心理，教师要提供有效的支持，如给予具体明确的语言指导和鼓励，让幼儿明确动作要领。

3. 体育教学活动设计

体育教学活动是指幼儿在教师有目的、有计划的指导下，发展基本动作、增强体质，学习运动技能、培养品德、发展智能和形成个性特征的过程。体育教学活动过程的组织与普通体育课一样，均由准备部分、基本部分和结束部分三部分组成。

（1）准备部分。准备部分又称开始部分，主要任务是将幼儿组织起来，通过一些律动或徒手操使幼儿从生理上和心理上都做好参与体育活动的准备。准备部分时间不应太长，一般占整个体育教学活动的10%～20%。

案例分享

大班体育活动"好玩的轮胎"准备部分：
引导幼儿对身体的各个关节进行热身，做好心理和身体的准备。
① 热身跑：教师带领幼儿进行两路纵队变一路纵队跑、圆形跑、蛇形跑等活动；
② 教师带领幼儿充分活动身体各个关节，包括头部运动、伸展运动、下肢运动等；
③ 在音乐《天使》的伴奏下，教师带领幼儿做热身操。

（2）基本部分。基本部分的主要任务是完成本活动的主要教育和教学任务，通过规定动作练习发展幼儿某一方面或几方面的运动技能，提高幼儿的身体素质、增强体质，并通过集体教育培养幼儿遵守规则、合作乐群的优良品质。

基本部分内容主要包括新授课和巩固复习课，一般新授课要放在幼儿注意力集中、情绪饱满和体力充沛的时间进行，位于课的前半部分；巩固复习课或活动量较大的活动一般位于新授课的后面。基本部分的时间一般占整个体育教学活动的70%～80%。

案例分享

大班体育活动"好玩的轮胎"基本部分：
① 站轮胎：通过站轮胎游戏，培养幼儿的合作及平衡协调能力。
教师引导幼儿模仿各种动物跟着教师拍手的节奏在绿草地里围绕轮胎跑步，教师拍手停止就代表洪水来了，这时幼儿需要迅速站在高地上（轮胎上），规定一个轮胎只能站2～4个人，没能站在轮胎上的幼儿要在绿地里模仿游泳的样子。

② 抬轮胎：通过合作抬轮胎游戏，增强幼儿手臂和下肢的力量，培养幼儿与同伴合作的能力，使其体验帮助他人的快乐。

师：洪水来了，今天我们要作为小小的救援队员去给灾区的人民运送物资，你们敢不敢去？

方法：两个人抬一个轮胎，从场地的一边运到另一边，教师引导幼儿讨论两人抬轮胎最安全最快速的方法，并让幼儿两人一组练习合作抬轮胎。游戏结束后，教师要表扬幼儿与同伴合作完成任务和不怕苦不怕累的品德。

（3）结束部分。结束部分又称放松整理部分，主要是通过一些放松身体的、舒缓的律动或徒手操来缓解幼儿身心高度兴奋或紧张的状态。此外，教师要对整个教育活动中幼儿的表现进行简单小结，激发幼儿参与下次活动的欲望。结束部分约占活动时间的10%。

案例分享

大班体育活动"好玩的轮胎"结束部分：

① 幼儿跟教师一起做放松运动，调整呼吸，如抖动上肢和小腿、轻拍上肢和小腿、模仿打气球动作，等等；

② 教师总结，并充分肯定幼儿在活动中的表现；

③ 师幼共同回收器材。

扫码学习：
1. 小班体育活动"猫咪快递员"
2. 中班体育活动"纸盘游戏"
3. 大班体育活动"跳绳大闯关"

二、学前儿童体育活动的指导原则

（一）全面性原则

全面性原则是指在幼儿身体运动的过程中，应选择和安排全面、多样的活动内容和方法，促进幼儿全面和谐发展。它包含两层含义：一是指学前儿童体育活动应促进幼儿身心全面发展，即体育活动不仅要促进幼儿身体健康，而且要促进幼儿心理健康；不仅要增强幼儿的体质，而且要促进幼儿在认知、情感、态度、社会性和个性等方面的良好发展。二是指学前儿童体育活动应尽量使幼儿身体的各个部位、各器官系统的机能，各种身体素质和基本活动技能等都能得到全面协调的发展，避免身体锻炼的片面性和不均衡性。在开展体育活动贯彻这一原则时应注意以下四点：

第一，在利用游戏等形式组织幼儿进行各类动作练习和器材练习时，应重视提高和发展幼儿的身体素质。

第二，在高结构化的体育活动中，要避免机械的动作练习和枯燥的身体素质专项练习，避免活动的小学化和成人化倾向。教师应注意选择多种内容和手段，灵活运用多种方法和组织形式，使幼儿的身体各部分都得到锻炼，如在以上肢活动为主的投掷活动中，可以结合跑、跳等活动内容来调节全身运动负荷的平衡。

第三，在低结构化、幼儿自选的体育活动中，教师不仅要注意为幼儿提供丰富多样的活动器材和运动项目，而且要经常指导幼儿选择或更换不同的活动内容。

第四，在体育活动中，应培养幼儿积极参加身体锻炼活动的兴趣和习惯；帮助幼儿掌握粗浅的、有关身体锻炼的知识和技能，丰富他们的认知经验；提高幼儿在身体活动中进行智力活动的能力和品质；培养幼儿团结、合作、负责、宽容、公平、分享等良好的社会情感和态度，提高幼儿的社会交往能力；培养幼儿勇敢、不怕挫折、持之以恒等良好的意志品质；培养幼儿活泼开朗的性格。

（二）经常性原则

经常性原则是指学前儿童体育活动应贯穿幼儿的每日活动，避免"三天打鱼，两天晒网"的现象。在具体落实这一原则时应注意以下两点：

第一，每日让幼儿进行适当的身体锻炼活动，且保证幼儿在每日的户外活动中，参与户外体育活动的时间不少于1小时。幼儿只有每天坚持进行身体锻炼，才能促进身体的正常发育和机能的协调发展，增强体质，才能满足运动、娱乐、表现、交往等身心各方面的需要，促进心理和社会性的健康发展。

第二，动静交替地安排幼儿的一日活动。一日活动中如果安静活动过多，容易导致神经细胞的疲劳；如果身体运动过多（表现为身体练习间隔时间过短，运动时间过长），则容易导致机体过度疲劳，影响恢复效果。因此，安排和组织幼儿的一日活动要注意动静交替、急缓结合。这样不仅有利于保护幼儿的身心健康，而且有利于提高幼儿身体锻炼的效果。

（三）适量性原则

适量性原则是指在组织幼儿进行身体锻炼活动时，教师应注意合理安排、调节幼儿的身体和心理所承受的负荷量，以达到最佳锻炼效果，提高幼儿身体运动的机能能力，保证身心和谐发展。这是人体机能适应性规律的要求，也是人体生理机能活动变化规律的要求。在贯彻这一原则时应注意以下五点：

第一，要根据身体锻炼的内容、运动项目的特点以及幼儿年龄的差异，合理地确定运动量，包括练习的次数、练习时间和间隔时间的长短、练习的密度、活动的强度等。一般来说，学前儿童体育活动应遵循高密度、低强度，注重运动节奏的要求，使幼儿身体锻炼保持合理的负荷。

第二，学前儿童体育活动的运动量要从小到大逐步上升，并在活动结束前逐渐下降。比如，幼儿体操动作的练习一般由运动量较小的头、颈部动作或上肢的伸展动作开始，逐渐过渡到扩胸、转体或体侧屈、腹背动作，再到运动量较大的全身和跳跃动作，最后是放松、整理动作。在其他类型的身体锻炼活动中，运动量同样也应遵循从小到大、再由大到小的过程。

第三，在组织指导时，教师讲解要精，幼儿练习要多。教师应安排好身体锻炼的组织环节，避免过长的排队及等待的时间。教师还应注意根据幼儿的个体差异，同时也要根据季节、气候、营养、卫生等条件灵活地安排运动量。

第四，教师要注意合理安排和调节幼儿的心理负荷。一般在一次身体锻炼活动中，要注意新旧内容的合理搭配，新授内容的难度适中，活动中对幼儿所提的要求要合理。在安排活动时，其前半部分不宜安排负荷较大的内容，后半部分则安排趣味性较强、较激烈的活动内容和形式，使幼儿的情绪状态达到高峰，同时避免因情绪高潮出现过早而影响后面活动的顺利开展。此外，教师要注意自己的教态和教法，用积极的情绪、饱满的精神、富有趣味和启发性的讲解以及准确、优美的动作示范，感染和激发幼儿参与体育活动的情绪。

第五，教师可以利用简便的观察法和测心率的方法，了解幼儿运动负荷是否合理，以便灵活调节活动的内容和方法。活动中，幼儿心率为130～160次/分，恢复正常心率的时间为3～5分钟，是比较合理的运动负荷参考数据。面色微红，汗量不多，呼吸中速稍快，动作协调、准确，注意力集中，反应快，情绪愉悦，这些都表明幼儿正处于轻度疲劳状态，运动负荷比较适宜。

（四）多样性原则

多样性原则是指学前儿童体育活动应灵活运用多种内容、多种形式和多种方法展开。学前儿童体育活动的各种内容、形式和方法都有其自身的特点，任何一种内容、形式或方法都有不可替代的作用。因此，期望用一种内容、一种形式和一种方法来完成全部的体育活动任务是不可行的。为此，开展学前儿童体育活动需要多种内容、形式和方法相互补充、相互配合、灵活运用。贯彻这一原则时应注意以下三点：

第一，学前儿童体育活动的基本内容包括基本动作练习、基本体操练习、身体素质练习、器材练习、创造性身体活动和体育游戏等。

第二，学前儿童体育活动的组织形式包括早操活动、户外体育活动、室内体育活动、运动会、远足，以及幼儿园因地制宜开发的体育活动形式，如亲子体育活动、劳动、集体舞蹈等。

第三，学前儿童体育活动的指导方法包括讲解示范法、练习法、语言提示和具体帮助法、游戏法、竞赛法、信号法等。

参考答案

行动研修

一、名词解释

学前儿童体育活动

二、简答题

1. 简述学前儿童体育活动的价值。
2. 简述学前儿童体育活动的组织形式。

三、实践题

请设计一个幼儿园中班体育活动方案，题目自拟，要求设计环节体现设计意图、活动目标、活动过程。

课后学习指导

拓展阅读

组织体育活动的方法

一、动作与行为练习法

动作与行为练习法是指通过让幼儿对已经学过的基本动作与基本技能、健康行为与生活技能等进行反复练习，从而加深理解，形成稳定的动作、行为习惯。

二、感知体验法

感知体验法是指引导幼儿运用视、听、嗅、品尝、触摸等不同感觉认识、判别事物特征的方法。这种方法能加深幼儿对事物的印象，同时，由于加入了身体动作，更能激发幼儿的兴趣，引起幼儿的注意。

三、口令信号法

口令是教师进行体育教学和组织体育活动不可缺少的技巧。教师的口令要洪亮、清晰、准确，语气要果断，声调要有感情。信号是指通过拍手、鼓声、音乐、呼数、哨音等声响来帮助幼儿做练习。信号运用要及时，声音高低要适当，音乐、鼓点等连续信号的速度和节奏要根据动作和游戏情节的需要而变化。

四、情境表演法

情境表演法是指教师或幼儿就特定的生活情境加以表现，然后让幼儿思考、分析情境中涉及的健康教育问题的方法。

各年龄段幼儿体育活动指导要点

一、小班体育活动指导要点

（一）走

1. 自然走：双脚交替自然地走。

指导要点：步子稳健向前走动，两臂自然摆动，挺胸，躯干正直，使颈、背在同一垂直面上，眼看正前方，步幅大而均匀。

2. 变化走：向指定方向走。

指导要点：设定幼儿比较感兴趣的标志物。

（二）跑

1. 自然跑：双脚交替自然跑，可以在原地踏步的基础上引入原地跑的教学，使幼儿体会走与跑的根本区别。

指导要点：上体正直，双脚交替自然地跑，步子迈开，落地轻柔，躯干正直稍前倾，两臂握拳屈肘前后自然摆动。

2. 变化跑：向指定方向跑，途中设置标志物。

指导要点：在跑动过程中要目视前方物体，身体前倾，体会腾空感，两臂自然前后摆动。

3. 走、跑交替：走、跑交替100米。

指导要点：听到跑的指令，下肢迅速蹬摆做出跑的动作，同时两臂迅速由直臂变屈臂前后摆动，身体稍前倾；听到走的指令，迅速由跑变为走，并调整呼吸。

4. 追逐跑：在指定范围内四散追逐跑。

指导要点：强调限制条件，即教师指定活动范围。追者要求其讲究方法，逃者要求其有躲闪能力。

（三）跳

1. 纵跳：轻松自然地双脚同时向上跳。

指导要点：屈膝预摆，蹬伸充分，落地缓冲。

2. 行进跳：轻松自然地双脚同时向前跳。

指导要点：屈膝预摆，身体前倾，两脚同时起跳同时落地。

3. 从高处往下跳：从25厘米高处自然跳下。

指导要点：屈膝预摆，身体稍前倾，落地缓冲，注意身体平衡。

二、中班体育活动指导要点

（一）走

1. 按节奏上下肢协调地走。

指导要点：侧重左、右脚落地时机（教师必须有指令提示），强调摆臂为"对侧臂前后摆动"。

2. 变化走：听信号变速走。

指导要点：设定的信号必须提前让每一个幼儿都了解，并能较容易地区分两个信号的不同，以便在活动中做出相应的速度变化。加速走时，要求步幅比慢走时要小，但频率要快，手臂的摆臂速度也随之加快。

（二）跑

1. 自然跑：按节奏上下肢协调地跑。

指导要点：强调脚的蹬伸和摆动的协调，以及两臂的摆动和躯干转动的协调，例如步子大些，落地轻些，摆臂用力些。

2. 变化跑：听信号变速跑。

指导要点：方法同听信号变速走，强调跑的动作要领。

3. 走、跑交替：走、跑交替200米。

指导要点：听到跑的指令，下肢迅速蹬摆做出跑的动作，同时两臂迅速由直臂变屈臂前后摆动，身体稍前倾；听到走的指令，迅速由跑变为走，并调整呼吸。

4. 追逐跑：在指定范围内四散追逐跑。

指导要点：在强调限制条件，即教师指定活动范围的基础上，再提出更高的要求。追者要求其讲究方法,比如紧急起动的能力;逃者要求其有躲闪能力。

5. 快速跑:快跑20米。

指导要点:强调下肢的蹬摆充分,步幅要大,步频要快,摆臂要用力,上体稍前倾,目视前方。

(三)跳

1. 纵跳:自然摆臂连续纵跳触物(物体离幼儿举手指尖20厘米)。

指导要点:强调落地时要屈膝缓冲,突出连续起跳的特点。并要求垂直向上跳,不向前跳,掌握手触物时机。

2. 行进跳:在直线两侧行进跳。

指导要点:跨的预摆——改变运动方向。

3. 从高处往下跳:双脚站立从30厘米高处往下跳,落地轻。

指导要点:屈膝预摆,身体稍前倾,落地缓冲,注意身体平衡。

4. 立定跳远:跳距不少于30厘米。

指导要点:预备——腿稍屈,臂后摆,上体稍前倾,也可弹动一次;起跳——腿蹬直,臂向前向上摆,展体,使身体向前上方跳出;落地——屈膝全蹲。

5. 助跑跨跳:助跑跨跳平行线,跳距不少于40厘米。

指导要点:向前跑动过程中单脚起跳,蹬地用力,方向要正,在空中瞬间滞留前弓步,摆腿落地后,不要骤停,应继续向前跑几步。

三、大班体育活动指导要点

(一)走

绕障碍曲线走:发展幼儿的灵敏素质,设定的信号必须提前让每一个幼儿都了解,并能较容易地区分两个信号的不同,以便在活动中做出相应的速度变化。加速走时,要求步幅比慢走时要小,但频率要快。手的摆臂速度也随之加快。

(二)跑

1. 变化跑:绕障碍曲线跑。

指导要点:以弧形跑为例,类似弯道跑,要求在跑动中身体重心稍内倾,手臂的摆幅也有区别(内臂小点,外臂大点);以折线跑为例,在跑动中要注意交换方向,所以得控制身体的重心,接近改变方位时,应放慢速度,注重急停和起动教学。

2. 走、跑交替:走、跑交替300米。

指导要点:听到跑的指令,下肢迅速蹬摆做出跑的动作,同时两臂迅速由直臂交屈臂前后摆动,身体稍前倾;听到走的指令,迅速由跑变为走,并调整呼吸。

3. 快速跑:快跑30米。

指导要点:强调下肢的蹬摆充分,步幅要大,步频要快,摆臂要用力,上体稍前倾,目视前方。

(三) 跳

1. 纵跳：用力蹬地连续以跳触物（物体离幼儿举手指尖25厘米）。

指导要点：同中班一致，在此基础上强调起跳前蹬地要用力，手臂要求预摆，增加纵跳的高度。

2. 从高处往下跳：双脚站立从35厘米高处往下跳，落地较稳。

指导要点：屈膝预摆，身体稍前倾，落地缓冲，注意身体平衡。

3. 立定跳远：跳距不少于40厘米。

指导要点：预备——腿稍屈，臂后摆，上体稍前倾，也可弹动一次；起跳——腿蹬直，臂向前向上摆，展体，使身体向前上方跳出；落地——屈膝全蹲。

4. 助跑跨跳：助跑跨跳平行线，跳距不少于50厘米。

指导要点：向前跑动过程中单脚起跳，蹬地用力，方向要正，在空中瞬间滞留前弓步，摆腿落地后，不要骤停，应继续向前跑几步。

5. 助跑跳远：跳距不少于40厘米。

指导要点：单脚起跳，双脚同时落地。

6. 助跑屈膝跳垂直障碍：连续向前跳跃多个高40厘米、宽15厘米的障碍。

指导要点：方法同助跑跨跳平行线，但助跑跨跳平行线时向前上方跳侧重于前，而跳垂直障碍时应侧重于上。

参考文献

[1] 顾荣芳.学前儿童健康教育论[M].南京：江苏教育出版社，2009.

[2] 叶平枝，等.幼儿园健康领域教育精要：关键经验与活动指导[M].北京：教育科学出版社，2015.

[3] 庞建萍，柳倩.学前儿童健康教育与活动指导[M].2版.上海：华东师范大学出版社，2014.

[4] 王慧玲.幼儿园健康教育活动设计与指导[M].2版.北京：北京师范大学出版社，2020.